당신의 고민에
부처는
이렇게 답한다

H. 이치카

일러두기

본문에 인용된 불교 경전들과 그 해석은 경전의 원문을 참고하여 의역·발췌하거나 현대적 맥락에 맞게 다듬어 사용하였고 고승들과 큰스님들의 가르침을 참고했습니다. 따라서 문자 그대로의 직역이 아니라, 독자들이 이해하기 쉽도록 풀어낸 표현임을 알려드립니다. (참고 경전: 법구경, 금강경, 능엄경, 열반경, 잡보장경, 숫타니파타)

당신의 고민에
부처는
이렇게 답한다

마음 다스림과 자아 성찰
인간관계에서 얻는 현명함

• H. 이치카 •

반가사유

#프롤로그

○
사랑을 구하려 애쓰던 어느 날,
부처를 만났다

여기 사랑받고 싶었던 한 사람이 있었습니다. 하지만 그는 '사랑'이란 걸 한 번 제대로 배운 적이 없었습니다. 누군가에게 온전히 받아본 적도 없었고, 사랑이 어떻게 생겨나는지도 알지 못했죠. 그래서 그는 결심했습니다. 받지 못했다면 먼저 주면 된다고. 사랑을 베풀다 보면 언젠가는 그 마음이 돌고 돌아, 자신에게도 사랑이 닿게 될 거라고 믿었습니다. 그 믿음 하나로 그는 언제나 사랑을 주는 사람이 되었습니다.

자신을 무시하는 친구에게도, 막말을 퍼붓는 직장 상사에게도, 짜증과 요구만 쏟아내는 연인에게도, 그는 묵묵히 들어주었고, 참고 또 참았습니다. 그렇게 하는 것이 사랑의 모양이라고 믿었기 때문입니다. 아니, 어쩌면 그렇게라도 해야 누군가에게 '필요한 사람'이 될 수 있을 거라 생각했던 것이

죠. '사랑받는 것'이 아니라 '버려지지 않는 것'이 그의 목표가 되어있었던 겁니다. 때로는 그런 자신이 한심하게 느껴지기도 했고, 억울하고, 속이 뒤집히는 날도 많았습니다. 하지만 그는 애써 모른 척했습니다.

"이 사랑이 언젠가는 나를 구해줄 거야."

그는 그렇게 믿으며, 하루하루 견뎠습니다.

과연 그는, 결국 사랑을 받았을까요? 결론만 말하자면, 아니요. 그는 끝내, 누구에게도 사랑받지 못했습니다. 하지만 이제 그는 더 이상 사랑받기 위해 애쓰지 않습니다. 대신, 스스로를 사랑하는 법을 배워가고 있습니다. 그가 이렇게 바뀔 수 있었던 건, 3000년 전 부처님의 한 말씀 덕분이었습니다.

"탐하는 마음에서 근심이 생기고, 탐하는 마음에 두려움이 따른다."

『법구경』 속의 이 한 구절을 마주한 순간, 그는 깨달았습니다. 자신을 가장 괴롭혀 왔던 것도, 불행하게 만들었던 것도 다름 아닌 자기 자신이었다는 것을. 그리고 '사랑받아야 한다'는 욕심과 집착 때문에, 그는 누군가와의 관계마저 늘 '과제'처럼 여기며 살아왔다는 사실도 말이죠. 그날 이후, 그는 사랑에 매달리던 마음을 놓아버렸고, 물 흐르듯 사람들과의 관계를 억지로 쥐려 하지 않았습니다. 그 대신, 자신의 내면을 바라보기 시작했습니다. 남을 만족시키기 위해 애쓰기보다 이제는 자신이 무엇을 좋아하고, 무엇을 사랑하는지

묻고 또 물었습니다. 그러자 놀라운 변화가 일어났습니다. 그의 얼굴은 마치 오래된 연못처럼 고요하고 평온해졌고, 마음 깊숙한 곳에 자리 잡고 있던 근심과 불안도 조금씩 사라지기 시작했습니다.

그 사람의 이야기를 통해 알 수 있듯, 삶을 살아가다 보면 원하든 원치 않든 수많은 고민과 문제를 마주하게 됩니다. 때로는 그 고민들이 그림자처럼 따라다니며 일상을 무겁게 만들기도 합니다. 그런 날들이 반복되면, 가슴에 묵직한 돌덩이가 내려앉은 듯 답답해지고, 결국 마음뿐 아니라 몸까지 병들고 말죠.

이 책은 그런 순간들을 위한 이야기입니다. 누구나 마음 한켠에 품고 있을 법한, 그러나 쉽게 꺼내기 어려운 고민들. 그 질문들을 하나하나 모아, 큰스님께 직접 묻고 답을 듣는 방식으로 정리했습니다. 실제 사례를 바탕으로 Q&A 형식으로 구성해, 일상 속에서 실천할 수 있도록 쉽게 풀어냈습니다. 이 책을 통해, 누군가처럼 스스로를 사랑하는 법을 배우고, 마음속에 고요한 평안을 품게 되시기를 바랍니다. 이 책은 처음부터 차례대로 읽지 않아도 괜찮습니다. 지금 당신에게 필요한 이야기가 있는 페이지부터 펼쳐보세요. 중요한 것은, 책에서 얻은 지혜를 직접 삶에 적용해 보는 것입니다. 아주 작은 변화라도 실천해 보세요. 그 안에서 분명 당신만의 답을 발견하게 될 테니까요.

목차

#프롤로그 05

1장

흔들리는 마음의 시작 15

비교하는 마음 • 싫은 사람과의 거리 • 감정 쓰레기통 • 사랑과 우정 사이 • 가족과 선 • 친구의 고백 • 이유 없이 치밀어 오르는 분노 • 남을 의식하는 시선 • 채워지지 않는 물욕 • 줄어드는 인간관계 • 돈을 갚지 않는 친구 • 친구의 성공, 축하와 질투 • 험담뿐인 친구 • 정말 운명 같은 인연이 존재할까? • 연인과 다툴 때 • 결혼 • 이혼 • 헤어진 연인을 잊지 못할 때

2장

관계 속에서 생겨나는 그림자 69

결혼을 원하지 않는 연인 • 아이를 가져야 할까, 갖지 않아도 괜찮을까? • 장거리 연애 • 사랑과 집착 • 연락하고 싶은 마음 • 사랑이라 쓰고 통제라 읽는 사이 • 권태기가 찾아든 사랑 • 나를 좋아해주는 사람 vs 내가 좋아하는 사람 • 연애도, 결혼도

아닌 혼자인 삶 • 행복이 자꾸 멀어지는 이유 • 잊히지 않는 고통, 멈춰 있는 마음 • 떠나고 싶은 마음, 망설여지는 현실 • 완벽하지 않으면 시작도 못 하는 마음 • 걱정이 머릿속을 떠나지 않을 때 • 낮아지는 자존감 • 인간관계가 힘든 내향적인 성격 • 죽고 싶은 마음이 밀려올 때 • 죽음이 두렵다

3장

욕망이 만든 덫 125

무기력증 • 불면증, 잠 못 드는 밤 • 말 한마디에 쉽게 무너질 때 • 돈과 행복은 비례할까? • 보상 심리와 과소비 • 타인과 비교하는 마음 • 좋아하는 일과 안정적인 길 • 실패가 쌓일수록 무서워지는 미래 • 하고 싶은 일도, 좋아하는 일도 모르겠을 때 • 이직 • 사주가 안 좋다는 말에 불안해질 때 • 성공의 기준이란 • 부모님과의 관계가 힘들 때 • 진짜 하고 싶은 일을 포기하는 마음 • 성공에 대한 강박 • 평범함에 대한 불안 • 진정한 강함이란 무엇인가 • 나를 이기는 싸움

4장

나를 무너뜨리는 내 안의 적

내 것과 네 것을 너무 따질 때 • 좋은 일에도 보상이 필요하다고 느낄 때 • 말하지 말걸, 하지 말걸, 생각하지 말걸 • 가까이 있지만, 멀어져야 할 사람 • 말뿐인 친구의 무게 • 말 한 마디에 무너지는 마음 • 말하지 않으면 터질 것 같고, 말하고 나면 후회되는 마음 • 믿었던 사람이 등을 돌릴 때 • 되돌릴 수 없는 상황 앞에서의 후회 • 이건 정말 내가 잘못한 게 아닌데 • 친구가 이상한 믿음에 빠져버렸을 때 • 가족이 사이비 종교에 빠졌을 때 • 신앙이 다르다는 이유로, 가족이 멀어질 때 • 믿었는데, 속았다 • 믿었던 가족이 전한 충격적인 진실 • 용서가 어려운 이유 • 부모가 물려준 건 빚뿐일 때 • 사람들에게 맞추다, 나를 잃어버린 날

5장

놓아버림에서 오는 평온 229

노력해도 변하지 않는 현실 앞에서 • 웃고 있지만, 속은 계속 가라앉을 때 • 부모의 사랑이 공평하지 않을 때 • 눈앞의 기회가 다른 사람에게 넘어갔을 때 • 이겨야만 가치 있는 걸까? • 비교할수록 더 깊어지는 열등감의 늪 • 거리를 모르는 관계의 피로 • 무심한 습관이 만든 길 • 교만이 만든 벽 • 평가에 흔들리는 마음 • 나만 소중하다고 여길 때 • 변하는 것에 기대려 할 때 • 가져갈 수 없는 것에 마음을 두는 버릇 • 지금을 놓치는 습관 • 자만이 키우는 고통 • 타인을 괴롭히며 얻는 쾌감 • 자존심이 가로막는 배움 • 정치적 성향으로 인한 갈등

#에필로그 284

1장

흔들리는 마음의 시작

비교하는 마음

마음의 병 ①

 당신은 당신보다 더 잘난 사람을 보면 초조하고 초라해진다. 비교하면 안 된다는 마음을 먹어도, 어느 순간 그러한 마음이 생겨난다. 질투와 후회, 성냄 등의 감정이 나쁘다는 것을 알고 있지만, 잡초처럼 자라나는 생각과 감정, 그로 인한 마음의 병은 쉽게 고쳐지지 않는다.

마음의 약 ①

⊙ 관조와 걷기

"남과 비교하지 마라. 너는 너의 길을 걷는 중이다."

질투와 성냄은 인간이 갖고 있는 자연스러운 감정 중 하나다. 그런 마음이 드는 당신에 대해 지나친 질책을 하거나 자학할 필요는 없다. 그런 마음이 들었다면, 조용한 곳으로 가서 잠시 마음속을 관조하라.

모든 나무가 동시에 꽃 피우지 않는다. 벚꽃이 진 자리에 철쭉이 피고, 철쭉이 시든 자리에 수국이 피어나듯, 당신도 당신만의 계절을 살아가는 중이다. 비교는 타인의 인생이 아니라 '나의 현재'를 의심하게 만드는 습관일 뿐임을 기억하라. 그것은, 누군가의 '결과'를 보며 지금의 내 '과정'을 부정하게 만든다.

"남의 길은 나의 길이 아니다. 마음이 그 길을 떠나면 고통이 생긴다."

당신의 길은 남들과 다르다. 그래서 불안할 수도, 더디게 느껴질 수도 있으나, 그러나 그 다름은 곧 당신만의 리듬이고, 당신 삶의 유일한 형태이다.

⊙ 지금, 마음 공부

"지금의 나는, 남을 바라보는가? 아니면 나를 살아가는가?"

싫은 사람과의 거리

마음의 병 ②

 말투 하나, 눈빛 하나에도 예민해질 때가 있다. 그 사람 앞에 서면 이유 없이 마음이 무거워지고, 잘못한 일은 없는데도 자꾸 불편해진다. 그럴 때면 당신이 너무 예민한 건 아닐까, 이상한 사람인 건 아닐까, 스스로를 의심하게 된다.

마음의 약 ②

⊙ 자비로운 거리두기

"어리석은 자와 가까이 말고, 슬기로운 이와 친하게 지내며, 존경할 만한 사람을 섬기라. 그것이 인간에게 최상의 행복이다."

살다 보면 꼭 누군가와 어울리지 않아도 되는 순간이 있다. 그 사람과 함께 있을 때 내 마음이 자꾸 작아지고, 그 사람의 말이나 표정이 머릿속에 오래 남아 나를 괴롭게 만든다면, 억지로 좋은 사람인 척 참기보다는 먼저 내 마음을 정직하게 바라보는 것이 시작이다.

"나는 이 사람이 불편하다."

그 감정을 인정하는 것만으로도 마음 안에 한 걸음의 여유가 생긴다. 모든 인연을 감당할 필요는 없다. 당신이 자꾸 소진된다면, 그 관계는 '맺어야 할 인연'이 아니라 '놓아야 할 인연'일지도 모른다. 불교는 말한다. 놓을 줄 아는 것도 하나의 자비라고. 상대를 위한 자비가 아니라, 나 자신을 지키기 위한 자비임을 명심하자.

⊙ 지금, 마음 공부

"그 사람이 정말 나를 불편하게 만든 걸까? 아니면

내 안의 감정이 그 사람을 통해 드러난 걸까?"

　감정을 들여다보는 일은 상대를 비난하기 위해서가 아니라, 나의 진짜 마음에 닿기 위해서다. 싫어해도 괜찮다. 거리를 두어도 된다. 멀어진다는 건 외면이 아니라, 오히려 나 자신의 마음 가까이로 다가가는 선택일 수 있다.

감정 쓰레기통

마음의 병 ③

 누군가와의 대화가 매번 무겁게만 느껴질 때가 있다. 만나기만 하면 힘든 얘기로 시작하고, 듣다 보면 마음이 점점 지쳐간다. 처음엔 도와주고 싶었고, 위로해 주고 싶었다. 하지만 어느 순간, 그 관계는 '함께 나누는 대화'가 아니라 '일방적으로 감정을 받아내는 고통'이 되었다. 문득 생각이 든다. 이 관계는 당신을 위해 존재하는 걸까, 아니면 당신을 소진시키는 걸까.

마음의 약 ③

⊙ 연꽃의 거리

"자신을 사랑하는 사람은 남의 해를 받지 않도록 자신을 지킨다."

연꽃은 진흙에서 자란다. 하지만 진흙에 물들지 않는다. 당신도 마찬가지다. 누군가의 고통을 들어주는 것은 연민일 수 있다. 하지만 그 감정을 대신 짊어지려고 한다면, 그것은 당신의 마음을 해치는 일이 될 수 있다.

친구의 말은 들어줄 수 있다. 하지만 그 감정까지 '떠안을' 필요는 없다. 그 감정의 주인은 상대이고, 당신은 그 감정을 '정리해 줄 책임'은 없다. 자비는 자신을 무너뜨리는 것이 아니라, 자신을 보호하면서도 따뜻함을 유지하는 것인지 모른다. 그렇기에 만약 당신도 힘들다면, 이렇게 말해보자.

"네가 힘든 건 이해해. 하지만 너의 감정을 다 떠안을 수는 없어. 내가 너를 위해 해줄 수 있는 건, 네가 필요할 때 곁에 있어 주는 거야."

이건 차가운 말이 아니다. 당신과 상대 모두를 지키기 위한, 경계의 선언이다. 당신이 타인의 감정의 쓰레기통이 아니라, 감정의 '동행자'로 남고 싶다면 먼저 당신의 마음부터 지켜야 한다.

⊙ 지금, 마음 공부

"나는 지금, 돕고 있는가? 아니면, 감정을 대신 짊어지고 있는가?"

연민은 경계 없이 스스로를 내주는 것이 아니라, 서로의 고통 앞에서 나를 잃지 않는 것이다. 진짜 우정은, 서로를 소진시키지 않고 각자의 마음을 존중하는 데서 피어난다.

사랑과 우정 사이

마음의 병 ④

  사랑은 설렘을 안겨주기도 하지만, 때로는 관계를 복잡하게 만든다. 특히 가장 가까운 친구와 같은 사람을 좋아하게 되었을 땐, 기쁨보다 당황스러움과 혼란이 먼저 밀려오기도 한다. 말하지 않아도 서로의 마음을 눈치채고, 괜히 경쟁하듯 엇갈리는 순간들 속에서, 마음은 조용히 무거워진다. 당신은 지금, 무엇을 놓치고 있고, 무엇을 지켜야 하는 걸까.

마음의 약 ④

⊙ 인연은 흘러간다

"모든 조건은 무상하니, 괴로움 또한 사라짐을 보게 된다."

사랑도 우정도 결국 진심에서 비롯된 감정이다. 하지만 그 진심이 때로는 서로 엇갈리기도 하고, 무겁게 마음을 가르기도 한다. 지금 당신이 먼저 해야 할 일은 선택이 아니라 '살펴봄'이다. 내 마음은 어디로 향하고 있는지, 그 마음이 스스로를 자유롭게 하는지, 아니면 집착에 붙잡히게 하는지를.

불교에서는 이렇게 바라본다. 포기는 억누름이지만, 놓아줌은 자유로움이다. 진정한 사랑은 움켜쥐는 데 있지 않고, 놓아줄 줄 아는 용기에서 비롯된다. 흘러가는 인연 앞에서 너무 애쓰지 않아도 괜찮다. 사람과 사람 사이에는 보이지 않는 인연의 강이 흐른다. 붙잡지 않아도 다시 만나는 인연은, 결국 다시 흐르는 법이다. 혹시 친구와의 거리에 마음이 상하더라도 당신이 진심을 지켰다면, 그 인연은 언젠가 또 다른 모습으로 꽃필 수 있다.

당신의 고민은 당신을 괴롭히기 위해 있는 것이 아니라, 당신을 더 단단하게 만들기 위해 찾아온 것임을 기억하자.

⊙ 지금, 마음 공부

"지금 나는 누군가를 얻고 싶은 걸까, 아니면 내 마음의 평화를 지키고 싶은 걸까?"

흔들리는 감정 속에서도 당신의 진심은 방향을 알고 있다. 너무 서두르지 말고, 흘러가는 인연을 한 걸음 물러서서 지켜보자. 진짜 인연은, 결국 당신 마음이 가장 평화로워지는 방향에서 다시 피어나게 되어 있다.

가족과 선

마음의 병 ⑤

누군가 아프고, 누군가는 도와야 한다. 그래서 자연스럽게 내가 그 '도와야 하는 사람'이 된다. 가족이니까. 그 말 한마디에 모든 질문이 막혀버릴 때가 있다. 도움이 아닌 당연한 책임, 배려가 아닌 의무처럼 느껴지는 순간, 마음은 조금씩 닳아간다.

"나만 왜 이래야 하지?"

그 질문조차, 스스로를 미워하게 만든다.

⊙ 자비와 책임 사이의 균형

"자기 자신을 구제하지 않으면, 아무도 그를 구제할 수 없다. 스스로를 잘 다스리는 자만이 해탈에 이를 수 있다."

가족을 돌보는 일은 분명 소중하다. 하지만 그 소중함이 당신을 소진시키는 방향으로 흘러간다면, 그 사랑의 방식을 다시 한번 생각해 보아야 한다. 타인을 돌보는 것은 분명 가치 있는 일이다. 그러나 내가 스스로도 돌볼 수 없는 상태에 이른다면, 그것은 또 어떤 의미가 있겠는가.

"내가 무너지면, 결국 가족도 함께 무너진다."

당신의 가족도, 당신도 소중하다. 그러기에 가족에게 이렇게 말해도 괜찮다.

"내가 도울 수 있는 만큼 도울게. 하지만 내 삶도 함께 지켜야 우리가 오래도록 함께 곁에 있을 수 있어."

이건 무책임한 말이 아니다. 지속 가능한 사랑을 위한, 지혜로운 경계다.

"나 아닌 그 누구도 나를 대신해 나를 구해줄 수는 없다."

그러니 '나'를 잘 지키는 것이, 결국 가족을 지키는 길이기도 하다.

⊙ 지금, 마음 공부

"지금 나는 누군가를 돕고 있는가? 아니면, 나를 잃으며 버티고 있는가?"

가족이라는 이름으로 당신이 모든 걸 떠안지 않아도 괜찮다. 사랑은 누군가 하나가 무너지는 희생이 아닌, 함께 서 있기를 위한 균형과 존중에서 더 빛을 발할 수 있다. 자신을 지켜야 오래도록 우리가 사랑할 수 있다. 그리고 기억하자. 당신 마음도 누군가에겐 지켜져야 할 가족이다.

친구의 고백

마음의 병 ⑥

　친구와 오래도록 좋은 관계를 이어왔다. 진심으로 그 사람을 아꼈고, 서로를 있는 그대로 존중해 왔다. 그러던 어느 날, 친구가 마음을 고백했다. 그 고백 앞에서, 고마움과 당황스러움, 조심스러움과 미안함이 뒤섞인다. 상대에게 상처 주고 싶지 않지만, 그 마음을 받아줄 수 없다는 것도 분명하다. 이 관계를 지키면서도, 당신의 마음은 어떻게 지켜야 할까.

마음의 약 ⑥

⊙ 상처가 되지 않는 솔직한 존중

"마음이 바르지 않으면 괴로움이 따른다. 마치 수레를 끄는 소의 발자국을 따르듯."

누군가에게 마음을 고백한다는 건 쉽지 않은 용기다. 하물며 친구로 오래 지낸 사이였다면, 그 고백엔 깊은 고민과 떨림이 담겨 있었을 것이다. 당신은 그 마음을 존중하고, 진심으로 아껴주고 싶어 한다. 하지만 동시에, 당신의 마음이 그 감정을 받아들일 수 없다는 것도 분명하다.

솔직함은 상처가 아니다. 오히려 모호한 위로나 애매한 말은 상대에게 희망 고문이 되어, 더 큰 괴로움으로 남을 수 있다.

"생각해 볼게."

"지금은 연애를 할 수 없을 것 같아."

이런 말들은 당장의 공기는 무디게 만들지만, 결국 상대에게 불필요한 기대를 남긴다. 진심으로 관계를 지키고 싶다면, 마음을 정확히 전하는 것이 가장 따뜻한 존중이다.

"너의 용기 정말 고마워. 너의 마음은 소중하게 느껴졌어. 하지만 나는 너를 친구로는 정말 아끼지만, 이성적인 감정은 들지 않아. 미안해."

1장. 흔들리는 마음의 시작

이런 말은 누군가를 밀어내는 것이 아니라, 건강한 경계를 세우는 일이다. 관계는 그 경계 안에서 다시 자랄 수도 있다.

⊙ 지금, 마음 공부

"나는 지금, 상처를 피하고 있는가? 아니면 진심을 말하고 있는가?"

거절은 아픈 일이다. 하지만 솔직한 마음은, 결국 상처가 아니라 믿음을 지키는 다리가 될 수 있다. 당신의 진심은, 결국 다시 친구라는 자리에서 다정하게 빛날지도 모른다.

이유 없이
치밀어 오르는 분노

마음의 병 ⑦

별일도 아닌데 짜증이 확 치밀 때가 있다. 말투 하나, 시선 하나, 무시당한 것 같은 느낌 하나에 마음이 순간적으로 폭발한다. 그러고 나면 또 후회가 밀려온다.

"왜 그랬을까, 왜 이렇게 예민할까."

감정을 다 추스르기도 전에, 이번엔 그런 자신이 무서워진다. 당신이 왜 이런 반응을 했는지조차 알 수 없어 더 혼란스럽고, 당신조차 당신을 이해할 수 없다는 생각에 마음이 더 무거워진다.

⊙ 분노는 감정이 아니라 신호

"분노하는 자는 스스로를 해친다. 성내는 자는 그 불에 자신을 태운다."

분노는 때로 나쁜 감정으로만 여겨진다. 하지만 불교에서는 분노도 '일어나는 그대로의 감정'으로 본다. 억누르거나 부정하지 않고, 다만 바라보는 것. 거기서부터 마음 공부가 시작된다.

화를 잘 내는 사람은 사실 마음 안에 너무 오래 쌓아둔 것들이 많은 사람이다. 자꾸 참다 보니, 작은 일에도 넘쳐버리는 것이다. 그러니 이렇게 물어보자.

"나는 지금, 무엇 때문에 화가 났을까?"

상대의 말투 때문이 아니라, 그 말투를 통해 당신 안의 어떤 상처가 건드려졌는지를 들여다보자. 화를 참으려 애쓰기보다는, 그 감정 뒤에 숨어 있는 진짜 감정을 마주하는 것이 중요하다. 무시당했다는 느낌, 외면당한 기억, 인정받지 못한 억울함. 그 모든 것이 분노라는 얼굴로 나타났을지도 모른다.

감정은 터뜨리기 전에 '살펴볼 수 있는 거리'가 생기면 조금씩 다르게 다가온다. 나도 나를 모르는 순간, 오히려 나를 더 깊이 이해할 수 있는 기회가 된다.

⊙ 지금, 마음 공부

"나는 지금, 무엇에 화가 났는가? 그 감정은 어디에서부터 온 것인가?"

화를 다스린다는 건 참는 게 아니다. 그 감정이 머물던 자리를 들여다보는 것이다. 분노는 나쁜 것이 아니라, 나도 몰랐던 내 마음의 신호일 수 있다.

남을 의식하는 시선

마음의 병 ⑧

 말 한마디에도, 옷차림 하나에도 '남들이 나를 어떻게 볼까' 하는 생각이 앞선다. 하고 싶은 말이 있어도 삼키게 되고, 입고 싶은 옷이 있어도 망설이게 된다. 어느 순간부터 당신은, 당신을 드러내는 일이 가장 두려운 일이 되어버렸다는 걸 느낀다. 말하지 않으면 실수하지 않을 수 있고, 튀지 않으면 욕먹지 않을 수 있으니까. 하지만 그 침묵과 망설임 속에서 점점 당신이 사라져 간다.

마음의 약 ⑧

⊙ 나를 바라보는 연습

"남의 시선을 따라 사는 자는 끝없이 흔들리고 괴로움이 멈추지 않는다."

타인의 시선을 신경 쓰는 건 당신이 '사회 속에서 잘 살아가고 싶다'는 마음이 있기 때문이다. 그 마음 자체는 결코 나쁜 게 아니다. 다만 문제가 되는 건, 그 시선이 어느 순간 '기준'이 되어버릴 때다. 남의 기준으로 스스로를 자꾸 재기 시작하면, 결국 내 안에 있던 '나다움'은 점점 작아지고 타인의 기대에 맞춰 사는 삶만 남게 된다. 그럴 때는 스스로에게 이런 물음을 던져보자.

"나는 지금 내 삶을 살고 있는가? 아니면 남들이 기대하는 삶을 흉내 내고 있는가?"

불교에서는 '있는 그대로 나'를 존중하며 살아가는 삶을 강조한다. '나'를 있는 그대로 인정하지 못할 때, 마음은 끝없이 불안해지고 흔들린다. 그래서 가장 먼저 해야 할 일은 '남들이 나를 어떻게 보는가?'를 따지는 것이 아니라, '나는 나를 어떻게 바라보는가?'를 묻는 것이다.

이 질문은 거창할 필요가 없다. 하루를 마무리하며 당신이 했던 선택이 당신 마음에서 비롯된 것인지, 아니면 남의 눈치를 본 결과인지 가만히 점검해 보는 것만으로도 충분하기 때문이다. 이런 작은 연습이 쌓일 때, 비로소 당신은 흔들림 없이 자기 길을 걸어갈 수 있을 것이다.

⊙ 지금, 마음 공부

"나는 지금, 타인의 시선을 살고 있는가? 아니면, 내 마음의 방향대로 걷고 있는가?"

표현은 용기다. 당신을 지키는 첫걸음은 '나'를 있는 그대로 바라보는 시선에서 시작되는 것이다. 남의 시선에 갇히지 말고, 당신 마음의 눈으로 '나'를 다시 바라보자. 처음에는 작은 것부터 해도 좋다. 오늘 하고 싶은 말을 한 문장이라도 꺼내보거나, 마음에 드는 옷을 망설이지 않고 입어 보는 것이다. 남들이 뭐라고 생각할지보다, 그 순간의 내가 편안한지 그렇게 조금씩 연습하다 보면, '나다움'을 지키는 일이 두려움이 아니라 자유가 된다는 걸 알게 될 것이다.

채워지지 않는
물욕

마음의 병 ⑨

 새 핸드폰, 새 옷, 명품 가방, 멋진 차, 어딘가로 떠나는 여행까지. 갖고 싶은 게 너무 많다. 무언가를 사면 잠깐은 기분이 좋아지지만, 금세 또 허전해진다. 참으면 초조하고, 갖고 나면 또 공허하다. 그래서 문득, 당신은 정말 욕심이 많은 사람인지 의심이 든다.

마음의 약 ⑨

◉ **욕심이 아니라, 공허함일지도**

"욕망은 마르지 않는 갈증과 같고, 그 끝을 좇는 자는 결코 만족함을 알지 못한다."

사고 또 사고 싶은 마음은 단순히 물건이 부족해서가 아니라, 어딘가 허전한 마음을 채우고 싶은 욕구에서 비롯된다. 문제는 그것이 쉽게 채워지지 않는다는 것이다. 기분이 좋아지는 것도 잠시, 곧 다시 허전함이 찾아오고, 또 무언가를 사고 싶어지는 마음은 여전하다.

불교에서는 이런 상태를 '갈애(渴愛)'라 부른다. 목마른 사랑, 채워지지 않는 욕망. 그것은 물건이 아니라 마음 안에 있는 결핍이 만들어 낸 감정이다. 그러니 자신을 탓하기보다는 이렇게 물어보자.

"나는 지금, 무엇이 부족하다고 느끼는가?"

"정말 그 물건이 필요한가? 아니면, 그 물건이 주는 느낌을 원했던 걸까?"

갖고 싶다는 욕망이 일어날 때마다 그 욕망 뒤에 숨어 있는 '진짜 갈증'을 바라보자. 그것이 인정받고 싶은 마음인지, 아니면 위로받고 싶은 마음인지, 혹은 그냥 당신도 괜찮은 사람이길 바라는 마음지 확인해 보는 과정이 필요하다.

⊙ 지금, 마음 공부

"지금 내가 원하는 것은 물건인가? 아니면, 그 물건이 채워줄 것 같은 마음인가?"

당신이 욕심이 많은 게 아니다. 당신은 그저 안심하고 싶은 것 뿐이다. 그 욕망을 바라보며 나를 비난하지 말고, 오히려 가만히 껴안아 주자. 욕심이 아니라, 당신 마음의 신호였을지도 모른다.

줄어드는 인간관계

마음의 병 ⑩

  예전에는 참 자주 웃고 떠들었던 기억이 많다. 별다른 약속이 없어도 누군가를 만나곤 했고, 연락처를 열면 늘 대화 상대가 있었다. 그런데 요즘은, 번호는 그대로인데 정작 연락할 사람이 줄어든 것만 같다. 괜히 불안해지고, 문득 이런 생각이 스친다.
"내가 뭔가 잘못하고 있는 걸까?"
"혹시 나만 이렇게 멀어진 걸까?"
  당신은 이러한 생각들이 스칠 때마다, 마음 한구석이 씁쓸해진다.

⊙ 줄어드는 것이 아니라, 깊어지는 것

"이것이 있으므로 저것이 있고, 이것이 멸하므로 저것이 멸한다."

관계는 살아 있는 인연이다. 시간이 흐르면 자연스레 머무는 자리가 달라진다. 사람들이 떠나는 것처럼 보일 수도 있지만, 사실은 각자의 삶을 살아가고 있을 뿐이다. 불교에서는 이렇게 바라본다.

"모든 관계에는 맺을 때와 흩어질 때가 있는 법."

사람들은 자주 '관계의 수'로 외로움을 측정한다. 하지만 진짜 중요한 건 숫자가 아니라, 방향이다. 수많은 사람 속에 있어도 외로울 수 있고, 한 사람만 곁에 있어도 깊이 연결될 수 있다. 혼자 있는 시간이 두렵다면, 그 시간을 스스로와의 관계를 가꾸는 시간으로 바꿔보자.

혼자 있는 시간은 외로움이 아니라 내면의 목소리를 들을 수 있는 시간이다. 책을 읽고, 산책을 하고, 조용히 차를 마시는 그 순간들이 당신을 더 단단하게 만들어 줄 것이다. '괜찮은 혼자'가 되어갈수록, 당신 곁엔 진짜 인연이 천천히 다가오기 시작한다.

⊙ 지금, 마음 공부

"나는 지금, 떠나간 사람들을 붙잡고 있는가? 아니면 내 안에 남은 나와 함께 서 있는가?"

사라지는 것처럼 보이는 인연도 사실은 당신을 더 단단하게 만드는 과정일 수 있다. 불필요한 소음을 걷어낸 자리에, 당신이 진짜 원하는 관계가 자라날 수 있기 때문이다.

돈을 갚지 않는 친구

마음의 병 ⑪

처음엔 돈을 빌려준 일이었다. 믿고 내어준 것이지만, 시간이 지나도 아무 말이 없을 때, 마음은 복잡해진다.

"그냥 상황이 안 좋은 걸까? 아니면 나를 가볍게 본 걸까?"

당신은 돈 때문이라기보다, 그 무시당한 듯한 침묵이 더 서운하다. 한마디 꺼내는 것조차 민망해진 지금, 이 관계는 어떻게 해야 할까.

⊙ 신뢰의 무게를 아는 사람

"참된 친구란 줄 수 없는 것을 주고 할 수 없는 일을 해주며, 비밀을 이야기하고, 들은 비밀을 남에게 발설하지 않으며, 괴로움을 당했을 때에도 버리지 않고, 가난하고 천해졌다 해도 경멸하지 않는, 이 같은 덕을 갖춘 사람이다."

친구란 서로를 지키는 관계다. 하지만 신뢰가 무너졌을 때 그 이름은 쉽게 흔들린다. 불교에서는 이렇게 바라본다.

"인연이 다하면 놓아라."

이 말은 단지 관계를 끊으라는 뜻이 아니다. 더 이상 상처받지 않도록, 기대와 매달림에서 당신을 놓아주라는 말이다. 당신은 이미 몇 번이나 정중하게 말했고, 그럼에도 아무 응답이 없었다면, 이제는 그 관계의 무게를 다시 가늠할 때다. 어쩌면 친구는 정말 어려운 상황에 놓여 있을 수도 있다. 말조차 꺼내기 힘든 사정이 있을 수도 있다.

하지만 무엇보다 중요한 건, 당신의 마음이다. 그 관계가 당신을 지치게 만든다면, 그건 더 이상 '우정'이 아니라 '소진'일 수 있다. 그 돈은 잃었을지 몰라도, 당신은 사람을 보는 눈을 얻었고, 관계의 본질을 배웠다. 그 배움은 어떤 이자보다 오래 남는다.

⊙ 지금, 마음 공부

"나는 지금, 돈을 잃은 걸까? 아니면, 마음을 돌보는 법을 배우고 있는 걸까?"

관계를 정리하는 것도 용기다. 기대하지 않고, 원망하지 않고, 그저 그 사람의 몫을 그에게 돌려주는 일. 이제는 당신 자신의 마음을 먼저 지켜야 할 시간이다.

친구의 성공,
축하와 질투

마음의 병 ⑫

　가장 좋아하고 아끼는 친구이지만, 당신은 그 친구가 잘될수록 마음이 이상하리만큼 뒤틀림을 느낀다. 진심으로 축하해 주고 싶은데, 속으론 자꾸 비교하고, 괜히 당신만 뒤처지는 것 같아 초라해진다. 그 친구가 싫은 것도 아닌데, 왜 이렇게 마음이 복잡한 걸까.

마음의 약 ⑫

⊙ 질투는 감정이 아니라 신호

"탐하는 마음에서 근심이 생기고, 탐하는 마음에서 두려움이 생긴다."

질투는 나쁜 감정이 아니다. 질투는 '나도 잘되고 싶다'는 간절함의 다른 얼굴일 수 있다. 불교는 마음의 괴로움이 '탐(貪), 진(瞋), 치(癡)'에서 비롯된다고 말한다. 그 중 '탐'은 욕망이다. 질투는 누군가가 가진 무언가를 나도 원한다는 신호다. 그 감정을 억누르거나 부끄러워하지 말고, 지금 내 안에 이런 마음이 올라오고 있는 것에 대해 먼저 인정하자.

질투의 밑바닥에는 사실 '인정받고 싶다', '뒤처지고 싶지 않다'는 등의 마음이 숨어 있다. 그건 사람이라면 누구나 가질 수 있는 감정이다. 그러니 비교에 빠져 괴로워하기보다, 그 감정을 '나를 위한 방향 조정'의 기회로 삼자.

"그 친구의 성장은 나도 나만의 길을 만들 수 있다는 가능성의 거울이다."

행복은 타인과의 상대적 위치에서 오는 게 아니다. 어제의 나보다 오늘의 내가 한 걸음 나아갔는지, 그 작은 성취 안에서 쌓여간다.

⊙ 지금, 마음 공부

"나는 지금 친구를 바라보고 있는가, 아니면 친구를 통해 내 부족함만 들여다보고 있는가?"

질투는 때로 당신이 스스로에게 보내는 변화의 신호다. 그 감정을 미워하지 말고, 그 감정에 묻힌 당신의 가능성을 더 깊이 들여다보자. 남의 길은 남의 길이다. 당신의 길은 이제 막 아름답게 열리고 있다.

험담뿐인 친구

마음의 병 ⑬

만날 때마다 반복되는 험담과 부정적인 말들. 듣기만 했을 뿐인데, 대화가 끝나고 나면 이유 없이 마음이 무겁다. 자꾸 피로하고, 생각보다 오래 그 말들이 머릿속에 남는다. 이런 이유로 친구를 멀리해도 될까, 이기적인 선택은 아닐까.

마음의 약 ⑬

⊙ 멀어짐은 거절이 아니라 지혜

"나쁜 벗과 사귀지 말고, 훌륭한 벗과 함께하라."

사람은 누구나 가끔은 남을 험담한다. 그 자체가 반드시 나쁜 것은 아니다. 하지만 그 말이 지속적으로 이어지고, 그 안에 부정의 기운만 쌓이게 된다면, 듣는 이의 마음은 분명히 지치게 된다.

부처는 이렇게 말했다.

"모든 인연이 나를 이롭게 하지는 않는다."

그 사람이 지금은 다른 사람을 이야기하고 있을 뿐, 언젠가 그 입에 오를 대상이 '나'가 될 가능성도 분명히 존재한다. 관계를 무 자르듯 끊을 필요는 없다. 그저 당신의 평온을 해치지 않는 범위 안에서 만남의 빈도를 줄이고, 마음의 거리를 조율하는 것. 그것은 차가운 단절이 아니라, '나'를 지키는 따뜻한 선택이다.

⊙ 지금, 마음 공부

"나는 지금, 관계를 유지하고 있는가? 아니면, 관계에 소모되고 있는가?"

불편한 감정을 참으며 계속 만나는 것이 관계의 미덕은 아니다. 때로는 거리가 더 깊은 이해와 존중을 남긴다. 진짜 좋은 인연은, '나를 더 나답게' 해주는 사람이 아닐까.

정말 운명 같은 인연이 존재할까?

마음의 병 ⑭

어떤 사람과 마주했을 때, 설명할 수 없이 마음이 닿는 순간이 있다. 처음 본 사람인데 어쩐지 익숙하고, 그와 당신 사이에 무언가 오래된 끈이 이어져 있는 듯한 느낌이 들 때. 그러면 문득, '이게 운명 아닐까?' 하고 생각하게 된다. 하지만 그런 인연도 시간이 지나면 서로 멀어지고, 마음이 흐릿해질 때가 있다. 그럴 때마다 마음이 헷갈린다. 그 인연은 애초에 운명이 아니었던 걸까? 아니면, 당신이 그걸 놓쳐버린 걸까?

마음의 약 ⑭

⊙ 인연은 흐름이며, 머무는 태도

"이것이 있으므로 저것이 있고, 이것이 생하므로 저것이 생한다."

불교에서는 '운명'이라는 말을 고정된 무엇이 아닌, 조건 따라 생겨나고 사라지는 흐름으로 본다. 누군가 와의 만남이 특별했던 것도, 그 사람이 당신 삶에 스며들 수 있었던 이유도 당신과 그 사람의 수많은 인연 조건이 맞닿았기 때문이다.

하지만 그 조건은 늘 변한다. 그래서 가까웠던 사이도 멀어지고, 멀게만 느껴졌던 사람과는 새로워지기도 한다. 그러니 중요한 건 '운명이냐 아니냐'가 아니라, 그 인연 속에서 내가 어떤 마음으로 머물렀는가이다.

인연은 꽃봉오리 같다. 그저 바라만 본다고 피지 않고, 움켜쥔다고 억지로 피어나는 것도 아니다. 햇살처럼 따뜻한 시선, 물처럼 조용한 기다림 안에서 비로소 피어나는 순간이 찾아온다.

⊙ 지금, 마음 공부

"나는 지금, 운명을 기다리고 있는가? 아니면, 인연을 함께 만들어 가고 있는가?"

운명은 미리 정해진 답이 아니라, 같이 걸으며 함께 만드는 길일지도 모른다. 떠나는 인연을 탓하지 말고, 지나간 인연을 후회하지 말고, 당신의 마음 상태를 잘 살펴보자. 그 진심이 쌓이면, 당신의 삶엔 분명 '운명이라 불릴 만한' 깊은 인연이 하나쯤 남게 될 것이다.

연인과 다툴 때

마음의 병 ⑮

 같은 문제로 자꾸 다투게 될 때가 있다. 말이 엇갈리고, 마음이 닿지 않을 때면 화는 치밀고, 말은 거칠어진다. "이 말을 하면 상처받겠지?" 하면서도 참지 못해 결국 나쁜 말을 내뱉게 될까 봐 스스로가 무서워진다. 계속 참자니 나만 손해 같고, 화를 내자니 관계가 무너질까 두렵고, 그 사이에서 당신의 마음은 점점 타들어 간다.

⊙분노를 지키는 침묵의 힘

"분노를 참는 사람은 말하고자 할 때 참는다. 힘이 있을 때 참는 자는 진정한 수행자다."

불교는 말한다.
"감정은 억누를 대상이 아니라, 돌볼 대상이다."
연인과의 다툼 속 분노는 당신이 외면당하고 있다는 신호이며, 이해받고 싶다는 간절함의 다른 얼굴일 수 있다.
"그래, 나는 지금 화가 나 있다."
이렇게 인정하는 것만으로도 마음이 조금 가라앉기 시작할 것이다. 분노는 불과 같다. 붙잡으면 데이고, 쫓으면 더 커지고, 잠시 두면 스스로 잦아든다. 그러니 즉각 반응하지 말고 잠시 멈춤의 지혜를 연습해보자.

자리를 잠깐 비우거나, 조용히 깊게 숨을 쉬거나, 그 상황에서 거리를 두는 것. 그게 감정을 보존하고, 관계를 지키는 힘이 된다. 우리가 다툼에서 진짜 원하는 건 '내가 옳다'는 증명이 아니라, '이 관계가 무너지지 않도록 지키는 것'이다. 이건 분노를 참으라는 말이 아니다. 그 감정에 끌려가지 않는 힘을 기르자는 것이다. 그게 곧 사랑을 오래 지키는 지혜다.

⊙ 지금, 마음 공부

"지금 나는 이기려는 걸까? 아니면, 이 사랑을 지키고 싶은 걸까?"

화는 본능이다. 하지만 그 본능을 다루는 방식이 관계를 결정한다. 사랑은 감정이 없는 사이가 아니라, 감정 속에서도 함께 머물 수 있는 사이에서 피어난다.

결혼

마음의 병 ⑯

 하나둘 친구들이 결혼을 준비하고, 부모님도 슬며시 말문을 여신다.
 "너도 이제 슬슬 생각해야 하지 않겠니?"
 그럴 때면 당신은 마음 한구석이 불편해진다. 정말 결혼은 꼭 해야만 할까? 결혼하지 않으면 이상한 걸까, 혼자 살아도 괜찮지 않을까.

마음의 약 ⑯

⊙ 결혼은 의무가 아니라, 선택

"결혼이란 상대를 이해하는 극한점이다."

결혼은 누구에게나 반드시 필요한 삶의 코스가 아니다. 불교에서는 이렇게 바라본다.

"진정한 평온은 바깥이 아닌, 내 마음 안에서 비롯된다."

누군가에게는 결혼이 삶의 도반을 만나는 길일 수 있지만, 또 다른 누군가에게는 혼자 살아가는 방식이 더 충만하고 행복할 수 있다. 그것은 선택의 문제다. 부처는 이렇게 말했다.

"자신을 가장 잘 보호할 수 있는 이는 바로 자기 자신이다."

결혼도 마찬가지다. 남들이 하니까, 부모님이 원하니까 이러한 이유가 아니라, 스스로가 진심으로 원할 때 선택해야 한다. 결혼은 '조건'이 아니라 '선택'이다. 그 선택이 당신을 더 온전하게 만들어 줄 수 있다면, 그걸로 충분하다.

혹시 외로움이 두려운가요? 사람은 누구나 외롭다. 결혼한다고 외로움이 사라지는 것도 아니고, 혼자 산다고 늘 외로운 것도 아니다. 결국 중요한 건 어떤 삶에서 나 자신과 잘 지낼 수 있는가이다. 결혼이 그런

도반을 만나는 길이라면 기꺼이 걸어도 좋고, 그렇지 않다면, 당신의 평온한 독립도 결코 부족 하지 않다.

⊙ 지금, 마음 공부

"결혼이 아니라, 나는 어떤 삶을 원하고 있는가?"

결혼은 인생에 있어서 정해진 순서대로 행하는 것이 아니다. 당신의 마음이 원하는 방향이 가장 정직한 길일 수 있다. 그 선택이 당신을 더 자유롭게 한다면, 그건 이미 충분한 사랑이다.

이혼

마음의 병 ⑰

갈등이 반복되고, 마음이 지쳐간다. 어느 순간, '이혼'이라는 단어가 당신의 마음속에 자리 잡게 된다. 이 관계 안에서 더는 버틸 수 없을 것만 같은 마음. 그런데 막상 결정을 내려야 하는 순간이 다가오면 발이 쉽게 떨어지지 않는다. 지금 당신이 두려워하는 건 이혼일까 아니면, 새로운 삶이 낯설다는 불안일까.

마음의 약 ⑰

⊙ 자비는 끝이 아니라, 나를 지키는 시작

"자신을 진실로 사랑하는 사람은 스스로를 지키며 살아간다. 남이 아무리 돕는다 해도, 오직 나 자신만이 나를 구할 수 있다."

이혼은 서류상으로만 정리하는 절차라고 생각하면 큰 오산이다. 지금까지의 상대와 함께한 시간, 쌓인 감정, 그리고 내가 걸어온 인생의 일부를 정리하는 일이다. 그래서 두렵고 망설여지는 마음은 지극히 당연하다.

지금 당신에게 필요한 건 두려움을 없애는 것이 아니라, 그 두려움 속에서도 무엇이 나에게 진실한 길인지 살펴보는 용기다. 이 관계 안에서 더는 당신을 지킬 수 없다면, 이혼은 결코 실패의 선택이 아니다. 그건, 당신과 상대 모두를 위한 자비로운 선택이 될 수 있다.

불교에서 말하는 자비는 무조건 참고 견디는 것만을 말하지 않는다. 서로를 해치지 않고, 더 이상 상처 주지 않는 방향을 찾는 것, 그게 진정한 자비다. 여기서 중요한 건, 어떤 선택이든 두려움이 아닌 이해와 존중에서 비롯되어야 한다는 것. 지금 당신이 깊이 고민하고 있다는 것 자체가, 이미 당신이 자기 삶을 책임지고 있다는 증거다.

⊙ 지금, 마음 공부

"나는 지금 무엇이 두려운가? 관계를 잃는 일인가, 아니면 나를 잃은 채로 남는 일인가?"

누구도 당신의 삶을 대신 살아줄 수 없다. 그러니 어떤 길을 선택하든, 스스로를 지키는 방향으로 걸어가야 한다. 그 길이 끝이 아니라, 새로운 평화의 시작이 될 수 있다.

헤어진 연인을
잊지 못할 때

마음의 병 ⑱

이별한 지 한 달. 그 사람은 떠났지만, 당신의 마음은 아직 그 자리에 머물러 있다. 함께 걷던 거리, 듣던 노래, 나누던 말. 어느 순간 문득문득 떠오르는 장면들에 아직도 마음이 휘청인다. '끝난 인연'이라는 걸 머리는 알지만, 가슴은 좀처럼 따라주지 않는다. 이 감정, 도대체 어떻게 정리해야 할까.

⊙ 사라짐을 인정하는 마음

"사랑하는 것에서 슬픔이 생기고, 사랑하는 것에서 두려움이 생긴다. 사랑에서 벗어난 이는 슬픔도 두려움도 없다."

이별은 그저 사람과 사람이 끝나는 관계라고 보기는 어렵다. 그동안 서로가 함께 보낸 시간과 감정의 밀도, 그 모든 것과 작별하는 과정이다. 불교에서는 이렇게 바라본다.

"모든 것은 생겨남이 있고, 사라짐이 있다."

그러니 지금 당신의 마음이 아프다고 해서 그 감정이 영원할 거라 믿지 않아도 된다. 지금은 그저, 마음속에 남은 '애도의 시간'을 충분히 허락해 주자. 억지로 잊으려 애쓰기보다는, 있는 그대로의 감정을 겪어내는 것이 먼저다.

"아직도 그 사람이 생각난다."

"나는 지금, 많이 슬프다."

이렇게 말해보자. 슬픔을 억누르지 말고, 천천히 흘려보낼 수 있도록 숨 쉴 틈을 줘야 한다. 불교는 괴로움의 뿌리를 '집착'에서 찾는다. 사랑은 아름답지만, 그 사람이 없는 현재에도 그 사람만을 바라보게 될 때 그 마음은 집착이 되어 당신을 괴롭히기 시작한다.

　이별의 고통은 지나간 사랑 때문이 아니라, 지금도 그 사람에게 머물러 있는 내 마음의 습관에서 온다. 이제는 그 자리를 비워내야 할 시간이다. 그래야 다시 햇살이 들어올 수 있기 때문이다.

⊙ 지금, 마음 공부

　"나는 지금, 추억을 기억하고 있는가? 아니면, 그 기억에 매달려 현재를 외면하고 있는가?"

　흘려보낸 마음 위에도 다시 따뜻한 시간이 찾아올 것이다. 그 자리에 다시 누군가가 서지 않더라도, 더 단단해진 당신이 거기 서 있을 테니까.

2장

관계 속에서 생겨나는 그림자

결혼을 원하지 않는
연인

마음의 병 ⑲

 같은 사람과 5년을 만났다. 함께한 시간이 길어질수록, 미래에 대한 생각도 더 진지해진다. 당신은 결혼을 원하지만, 상대는 비혼에 가깝다. 확실한 거절은 아니지만, 기대할 수 있을 만큼의 가능성도 보이지 않는다. 지금의 사랑을 이어가야 할지, 아니면 새로운 방향을 찾아야 할지 마음이 복잡할 따름이다.

마음의 약 ⑲

⊙ 나의 삶의 방향을 정직하게 묻는 용기

"남을 바꾸려 하지 말라. 오히려 자기 자신을 다스리는 이, 그가 참된 주인이다."

사랑만으로는 삶의 가치관까지 같아질 수는 없다. 결혼이라는 선택 앞에서 두 사람의 생각이 다르다면 그건 감정만으로 해결할 수 있는 문제가 아니다. 지금 가장 필요한 건 상대를 바꾸려는 시도가 아니라, 그 사람이 어떤 삶을 바라고 있는지를 진심으로 이해하려는 태도다.

비혼을 말하는 데는 그 사람만의 이유와 맥락이 있다. 그 이유가 지금 이 관계 안에서도 변할 수 있는지, 그 가능성을 함께 탐색해 보자. 하지만 설득이 되지 않을 수도 있다는 점도 미리 마음속에 받아들여야 한다. 불교에서는 이렇게 바라본다.

"스스로의 마음을 다스리는 자가 진짜 주인이다."

결혼이 당신에게 중요한 가치라면, 그 사실을 스스로 외면하지 말아야 한다. 이 사랑이 나를 지탱하게 하는가, 아니면 나의 삶을 미루게 만드는가. 그 질문 앞에서 정직해질 필요가 있다. 진짜 사랑은 서로의 선택을 존중하는 데서 자란다. 그러니 때로는 놓아주는 것이 가장 깊은 사랑의 방식이 될 수도 있다.

⊙ 지금, 마음 공부

"나는 지금, 이 사랑을 지키려는가? 아니면, 나의 삶을 지키려는가?"

그 둘이 함께할 수 있다면 가장 좋겠지만, 때로는 두 갈래의 길이 된다. 그럴 때 필요한 건, 억지 설득이 아니라, 진심을 마주하는 용기다. 결혼의 의미도, 사랑의 방향도 고요히 다스린 마음 위에서 더 분명해질 것이다.

아이를 가져야 할까,
갖지 않아도 괜찮을까?

마음의 병 ⑳

    결혼한 지 3년. 자연스럽게 주고받던 대화 속에 하나의 질문이 반복되기 시작한다.
    "이제 아이 낳을 때도 되지 않았어?"
    그 물음 앞에서, 당신은 자꾸 마음이 걸린다. 아이 없이도 괜찮을 것 같은데, 혹시 나만 이상한 걸까? 나중에 후회하게 되면 어떡하지? 당신도 그 마음을 알 수가 없다. 갖고 싶지 않은 것도 아니고, 갖고 싶다고 확신할 수도 없다. 결정을 내려야 한다는 압박만 커지고, 마음은 여전히 같은 자리에 머물러 있을 땐 어떻게 해야 할까.

⊙ 선택의 무게는, 마음의 진심에서

"모든 것은 마음이 앞서고, 마음이 으뜸이며, 마음이 모든 것을 만든다."

아이를 가질지 말지의 문제는, 그저 '있고 없음'의 선택이라고 할 수 없다. 그건 한 생명을 받아들이는 일이고, 당신의 삶뿐 아니라 관계 전체를 새롭게 다시 써 내려가는 일이기도 하다. 그러니 이 고민은 당연하다. 망설이는 자신을 나무라기보다, 그만큼 신중하다는 사실에 먼저 안심해도 된다. 불교에서는 이렇게 바라본다.

"삶은 정해진 수순이 아니라, 내가 어떤 마음으로 선택하느냐에 따라 달라지는 흐름인 것이다."

그러니 결정을 재촉하기보다, 먼저 이 질문을 스스로에게 던져보자.

"나는 왜 아이를 갖고 싶은가?" "혹은 나는 왜 망설이고 있는가?"

그 안에 당신의 삶이 무엇을 향하고 있는지, 진심은 어디에 머무르고 있는지가 드러나게 된다. 세상의 기준은 누군가 정해놓거나, 따라가야 할 법칙이 아니다. 누군가는 부모가 되어 성장하고, 누군가는 아이 없이도 충만한 삶을 살아간다. 어떤 삶이 더 옳다고 말할 수 없다. 중요한 건, 지금 당신이 어떤 삶을 진심으로 사랑하고 있느냐는 것이다. 불교에서는 이렇게 바라본다.

"보살은 중생을 자식처럼 사랑한다."

아이를 기른다는 것은 존재 전체를 감싸는 헌신이다. 때로는 내가 가진 것보다 더 많은 사랑을 꺼내어 써야 할지도 모른다. 그러니 두려워도 된다. 혼란스러워도 괜찮다. 감정을 억누르지 말고, 그 너머에 있는 진심을 천천히 바라보자.

◉ 지금, 마음 공부

"나는 지금, 어떤 삶을 사랑하고 있는가?"
"이 선택은, 나의 진심과 맞닿아 있는가?"

아이를 낳아도, 낳지 않아도 그 삶은 충분히 의미 있고, 충분히 아름다울 수 있다. 당신이 선택한 길이 결국 당신 삶의 가장 충실한 길이 될 테니까.

장거리 연애

마음의 병 ㉑

 서로의 도시가 달라진 지 1년. 그럼에도 우리는 꽤 잘 버텨 냈다. 매일 연락하고, 작은 표현에도 웃음이 났고, 멀어도 마음만은 가깝다고 믿었다. 그런데 요즘은 대화도, 기다림도 왠지 의무처럼 느껴진다. 연락이 줄어든 건 바빠서일까, 아니면 마음이 조금씩 식은 걸까. 어느 순간부터 '보고 싶다'는 말보다 '어떻게든 버려야 한다'는 생각이 먼저 들기 시작했다. 당신은 아직 상대를 사랑하고 있는데, 이 사랑이 점점 희미해지는 건 아닌지 불안하고 두렵다.

마음의 약 ㉑

⊙ 거리를 가르는 건 발걸음이 아니라, 마음의 방향

"지혜로운 사람과 함께하라. 그는 가는 길을 아는 이니, 그와 함께 걷는 것이 복이다."

장거리 연애는 '같이 있는 시간'이 아니라 '함께 있는 마음'을 확인할 수 있는 시간이다. 불교에서는 인연이란 저절로 이어지는 것이 아니라, 끊임없이 가꾸는 것이라고 말한다. 멀리 있다고 반드시 멀어지는 것도 아니고, 가까이 있다고 해서 항상 가까운 것도 아니다. 지금 당신이 느끼는 혼란은 이 관계가 끝나서가 아니라, '변화하고 있기에' 생기는 것이다. 그러니 중요한 건 '멀어졌는가'가 아니라 지금도 서로를 향해 걷고 있는가이다.

좋은 인연은 서로를 더 나은 사람으로 만들어 준다. 함께함으로써 내가 더 괜찮아지고, 상대 역시 나와 함께 성장할 수 있다면, 그 인연은 이어갈 가치가 있다. 하지만 어느 순간부터 '관계'가 '습관'이 되고, 서로를 돌보기보다 그저 견디는 일에 가까워졌다면, 그 변화 앞에 솔직해질 필요가 있다.

사랑은 붙잡는 힘이 아니라, 함께 있을 수 있는 방향을 확인하는 일이다. 그리고 그 방향이 더 이상 같지 않다면, 놓아주는 것 또한 하나의 성숙한 사랑의 모양일 수도 있다.

⊙ 지금, 마음 공부

"이 관계는 나에게 어떤 영향을 주고 있는가? 혹은 나는 지금도 그 사람과 함께 같은 방향을 바라보고 있는가?"

연애든 이별이든, 정답은 없다. 다만 당신이 마주하고 있는 이 고민 속에 이미 마음이 원하는 방향이 숨어 있을지도 모른다. 그 마음을 외면하지 말자. 거리는 멀어질 수 있어도, 마음이 함께 걸을 수 있다면 그 사랑은 여전히 유효하다.

사랑과 집착

마음의 병 ㉒

　처음엔 고마웠다. 자주 연락해 주고, 무슨 일이 있어도 내 편이 되어주는 사람이 있다는 게 마음을 든든하게 했다. 그런데 언제부터였을까. 일과를 보고하듯 알려야 하고, 연락이 잠깐만 늦어도 미안하다고 변명부터 해야 했다. 처음엔 '그만큼 날 좋아해서 그렇겠지'라고 넘겼지만, 점점 숨이 막혔다. 이건 정말 사랑일까, 아니면 '사랑이라는 이름을 쓴 통제'일까. 당신이 문제인 건가, 아니면 이 관계가 잘못된 걸까. 마음은 복잡해지고, 애정과 불안 사이에서 자꾸 길을 잃는다.

마음의 약 ㉒

⊙ 애정이 아닌 집착을 놓아주는 용기

"애착에서 슬픔이 생기고, 애착에서 두려움이 생긴다. 애착을 버린 자는 슬픔도 없고 두려움도 없다."

사랑하면 가까워지고 싶어진다. 더 자주 보고 싶고, 더 많이 알고 싶어지는 건 자연스러운 감정이다. 하지만 그 감정의 밑바닥이 '불안'이라면, 사랑은 곧 '집착'으로 변한다.

"내가 원하는 대로 해줘야 해."
"나만을 바라봐야 해."

그렇게 요구하고 확인하고 통제하는 마음은, 사랑을 위한 것이 아니라 '잃을까 봐 두려운 나'를 달래기 위한 감정일지도 모른다. 그래서 불교에서는 이렇게 바라본다.

"놓아주는 것도 사랑일 수 있다."

상대가 그 사람답게 존재할 수 있도록 지켜보는 것, 그게 사랑의 다른 이름이다.

⊙ 지금, 마음 공부

"나는 이 관계 안에서 점점 조심스러워지고 있지는 않은가?"

"애정보다 죄책감으로 관계를 유지하고 있지는 않

은가?"

   이 질문에 '그렇다'라고 느껴진다면, 그건 사랑이 아니라 불안과 두려움이 만든 패턴일 수 있다. 불편함을 느끼는 당신의 감정은 정당하다. 사랑은 나를 무너지게 하지 않아야 하며, 상대를 옭아매서도 안 된다. 관계가 깊어질수록, 그 안에서 내 감정도, 나의 경계도 함께 존중받고 있는가? 그 물음에 답할 수 있어야, 그 사랑은 비로소 진짜가 되는 것이다.

연락하고 싶은 마음

마음의 병 ㉓

　헤어진 지 꽤 됐는데, 왜 아직도 이럴까. 잊으려 해도 그 사람이 자꾸 떠오르고, '이젠 괜찮다'고 다짐해도 어느새 휴대폰을 들고 있다. "잘 지내?" 한마디, 그게 뭐라고 이리 망설여질까. 잊고 싶으면서도 잊히기 싫고, 끝났다고 믿으면서도 어딘가 연결되어 있기를 바라고. 감정은 끊겼다기보단, 멈춰 서 있는 느낌이다. 그 사람 때문일까? 아니면 그 사람이 남긴 빈자리 때문일까?

마음의 약 ㉓

⊙ 불잡음이 아닌, 마음의 방향 바꾸기

"마음을 잘 다스리는 이는, 길 잃은 길잡이 없는 마차를 제어한 것과 같다."

불교에서는 제행무상(諸行無常)을 이렇게 바라본다. 모든 것은 머물지 않고 흘러간다고. 사랑도, 이별도, 익숙함도 결국은 흐름 위에 놓인 감정이다. 헤어진 연인에게 자꾸 연락하고 싶은 마음, 그 감정은 너무도 자연스러운 것이지만, 그 마음이 항상 '사랑'만을 뜻하진 않는다. 때로는 외로움이, 때로는 익숙함이 그리움의 얼굴을 하고 다가오기도 한다.

'차단'은 감정을 끊는 방법이 아니라, 감정을 미뤄두는 방식일 수도 있다. 진짜 필요한 건 번호를 지우는 일이 아니라, 그 번호를 떠올릴 때 흔들리지 않는 마음임을 잊지 말아야 한다.

⊙ 지금, 마음 공부

"그 사람을 다시 사랑하고 싶은 걸까, 아니면 그 사람이 있었던 자리가 외로운 걸까?"

지금의 그리움은, 잃어버린 사람이 아닌 잃어버린 감정에 대한 미련일 수도 있다. 연락하고 싶은 그 마음이 잘못되지 않았다. 당신은 아직 감정이 살아 있는 사람이라는 뜻이니까. 다만, 충동보다 한 걸음 먼저 내 마음을 조용히 들여다보는 용기. 그것이 지금 필요한 첫걸음이다.

 붙잡고 있던 과거를 놓는다는 건 그저 끝내는 일이 아니라, 당신의 마음을 미래로 걸어가게 하는 일임을 기억하자.

사랑이라 쓰고
통제라 읽는 사이

마음의 병 ㉔

연인을 사랑하면 그 사람만 바라보게 되며, 질투는 그 마음의 그림자처럼 따라붙는다. 그런데 문제는, 그 질투가 너무 커질 때가 있다는 것이다.

"이성 친구랑은 연락하지 마."

"왜 아직도 그 사람하고 연락해?"

처음엔 사랑이라 생각했지만, 어느새 관계는 점점 조심스러워지고, 당신의 일상은 자꾸 누군가의 기준에 맞춰 조정된다. 불편하면서도 동시에 또 이런 생각도 든다. '연인 사이에선 이 정도는 괜찮지 않을까?' 하지만 정말 그럴까? 사랑이 깊어질수록 자유가 줄어드는 게 당연한 걸까?

마음의 약 ㉔

⊙ 사랑은 가두는 것이 아닌, 지켜보는 것

"자신을 사랑하듯 남도 사랑하라. 자신에게 해가 되는 것을 남에게도 행하지 말라."

질투는 누구나 다 겪는 감정 중 하나다. 사랑하기에 불안해지고, 소중하기에 불편해지는 마음. 하지만 그 감정이 '모든 이성 친구와 연락을 끊어야 한다'는 일방적 통제로 이어진다면, 그건 사랑이라기보다 불안의 발현일지도 모른다. 불교에서는 다음과 같이 바라본다.

"사랑은 상대를 나의 방식대로 가두는 것이 아니라, 그가 그 자신답게 존재할 수 있도록 지켜보는 일이다."

건강한 관계는 배려와 나다움 사이의 균형에서 만들어진다. 사랑을 이유로 '모든 걸 끊는 것'이 아니라, 서로의 경계를 존중하며 함께 조율해 가는 태도, 그것이 진짜 자비(慈悲)다.

⊙ 지금, 마음 공부

"이 요구는 우리 관계에 신뢰를 더하고 있는가? 아니면, 나를 점점 더 작게 만들고 있는가?"

사랑은 상대의 불안을 무조건 감싸는 일이 아니라,

그 불안을 함께 들여다보고, 안전한 공간을 만들어 가는 노력이다. 당신이 원하는 인간관계를 솔직하게 이야기하고, 상대도 그 감정을 설명할 수 있도록 두 사람 모두가 편안한 대화를 시작해 보자. 만약 진심을 나눈 뒤에도 여전히 당신을 일방적으로 통제하려 한다면, 그 관계는 진짜 사랑이 머무를 수 있는 공간인지 다시 살펴볼 필요가 있다.

   기억해야 한다. 사랑은 소유가 아니라 연결이고, 억압이 아니라 성장임을. 나를 해치지 않으면서도, 상대를 존중하는 방식으로 사랑할 수 있어야만 그 사랑이 오래갈 수 있다.

권태기가 찾아든
사랑

마음의 병 ㉕

 문제가 있는 건 아닌데, 마음이 자꾸 멀어지는 느낌이 든다. 예전엔 사소한 일도 웃으며 이야기했는데, 요즘은 말수가 줄고 같이 있어도 휴대폰만 들여다보는 시간이 늘었다. 싸우지는 않지만, 설레지도 않는다. 그저 익숙함에 기대어 흐르고 있는 관계 같아서 문득, "우리 지금 괜찮은 걸까?" 하는 생각이 스쳐 간다. 이게 권태기인 걸까? 그렇다면 어떻게 지나야 하는 걸까?

⊙ 다시 마음을 일으키는 연습

"마음을 잘 단속하라. 잘 단속된 마음은 행복을 가져온다."

사랑은 처음엔 타오르고, 시간이 지나면 익숙해지는 게 순리다. 모두가 그렇진 않겠지만, 대개 서로를 돌보던 손길이 줄어들고 눈빛보다 침묵이 편해지는 날이 오면, 그것은 식은 게 아니라 돌봄이 잠시 멈춘 신호일지도 모른다. 한 스님은 이렇게 말했다.

"관계란, 애써 돌보지 않으면 조용히 식어가는 따뜻한 국물 같다."

지금 당신에게 찾아온 권태는 오래 끓여둔 국물처럼 자연스러운 흐름 안에 있다. 여기서 중요한 건, 문제가 있는 건 아닌데 마음이 자꾸 멀어지는 느낌이 든다는 것이다.

예를 들어, 예전엔 사소한 일도 웃으며 이야기했는데, 요즘엔 유독 말수가 줄고 같이 있어도 휴대폰만 들여다보는 시간이 늘었다던가. 싸우지는 않지만, 설레지도 않는다던가. 그저 익숙함에 기대어 흐르고 있는 관계 같아서 문득, "우리… 지금 괜찮은 걸까?" 하는 생각이 스쳐 가기도 한다. 그럴 때에는 '이게 권태기인 걸까? 그렇다면 어떻게 지나야 하는 걸까? 예전처럼 뜨거워질 수 있을까?'가 아니라, '지금, 이 관계를 내가 얼마나 돌보고 있는가?'를 묻는 일부터 시작해야 한다.

불교에서는 '마음을 일으킨다'는 표현을 자주 쓴다. 의식적인 애씀은 관계를 다시 움직이게 만들 수 있기 때문이다. 사랑이 멈춘 것처럼 느껴질 땐, 한 번 더 마음을 일으켜 보는 용기, 그것이 사랑을 이어가는 힘이다.

⊙ 지금, 마음 공부

"이건 끝이 아니라, 잠시 쉬어가는 시간일지도 몰라."

사랑은 바라보는 게 아니라, 함께 걸어가는 여정이다. 권태기란, 어쩌면 두 사람이 같은 자리에 잠시 멈춰 서 있었던 시간일 수 있다. 그러니 너무 겁내지 말고, 이 멈춤을 함께 걷기 위한 쉼표로 받아들여 보자. 지금 다시 처음 함께 웃던 장면을 떠올려도 좋고, "우리 요즘 조금 멀어진 거 같지 않아?" 그 한마디로도 닫혀 있던 마음의 문이 열릴 수 있다.

사랑은 불씨다. 처음의 불꽃은 사그라지더라도, 불씨는 여전히 남아 있다. 그 불씨를 살리는 건 바람과 장작이 아니라, 정성을 들이는 태도다.

나를 좋아해주는 사람
vs 내가 좋아하는 사람

마음의 병 ㉖

 편안한 사람이 있다. 함께 있으면 마음이 안정되고, 나를 아껴주는 게 느껴진다. 하지만 이상하게 마음이 크게 움직이진 않는다. 반면, 내가 좋아하는 사람이 있다. 눈빛 하나, 말 한마디에도 심장이 요동친다. 그런데 마음이 너무 앞서다 보니 오히려 작아지고 조심스러워진다. 그래서 자꾸 고민하게 된다.

 "편안함을 택해야 할까, 설렘을 따라야 할까?"
 "머리는 알겠는데, 마음은 자꾸 흔들릴 땐 어떻게 해야 할까?"
 사랑이란, 결국 어떤 감정에서 시작되어야 맞는 걸까?

마음의 약 ㉖

⊙ 한쪽으로 기울지 않고, 나를 중심에 놓는 선택

"두 극단을 떠나 중도를 걸으라. 감각적 쾌락의 탐닉도 아니고, 고행의 고통도 아니다. 이 중도는 깨달음으로 이끈다."

불교에서는 언제나 '중도(中道)'를 말한다. 어느 한쪽으로 치우치지 않는 균형, 그게 곧 삶의 지혜다. 나를 좋아해주는 사람 곁에 있으면 안정적이지만 내 마음은 무뎌진다. 반면, 내가 좋아하는 사람을 향하면 마음이 뜨거워지지만 불안이 함께 자란다. 이럴 땐 스스로에게 물어봐야 한다.

"내가 진짜 나답게 있을 수 있는 곳은 어디인가?"
"그 사람과 함께 있을 때, 나는 나를 아끼고 있나?"

사랑은 설렘만으로 오래가지 않는다. 내 마음이 사라지지 않도록, 내가 나답게 존재할 수 있는 자리, 그곳에서 사랑은 자란다.

⊙ 지금, 마음 공부

"이 관계 안에서 나는 어떤 사람일까 아니면, 나는 나를 존중받고 있나?"

사랑은 감정만으로 시작되지만, 지속되는 건 관계 안에서의 '나'다. 누군가를 좋아하는 마음은 귀하다.

하지만 그 감정이 당신을 불안하게 만들고, 자신을 잃게 만든다면 그건 조금 다른 질문이 되어야 한다.

떨림이 설렘만을 뜻하지는 않는다. 편안함이 꼭 무감각인 것도 아니다. 사랑은 때로는 나를 편안하게 해주는 사람에게 마음을 열어보는 용기에서 시작되기도 한다. 머리와 가슴이 다른 말을 할 때, 불교는 그 사이에서 중심을 찾으라고 말한다. 그 중심은 결국, 내가 나답게 존재할 수 있는 사랑이 아닐까.

연애도, 결혼도 아닌
혼자인 삶

마음의 병 ㉗

"아직도 혼자야?"
"이제는 정착할 때 되지 않았어?"
주변에서는 끊임없이 묻는다. 처음엔 그저 웃어넘길 수 있었지만, 자꾸 듣다 보면 문득, 내가 뭔가 잘못 살고 있는 건가 싶어진다. 혼자인 지금이 나쁘진 않은데 괜히 뒤처지는 기분이 들고, 상대가 던진 말 한마디에 마음이 위축되기도 한다. 연애도 결혼도 하지 않고 있는 지금, 과연 이대로 괜찮은 걸까?

마음의 약 ㉗

◉ **연애도 결혼도, 의무가 아닌 선택**

"자신을 가장 잘 보호할 수 있는 이는 바로 자기 자신이다."

불교에서는 이렇게 바라본다.

"누구와 함께하느냐보다, 지금의 나에게 진실한 삶을 살고 있는가가 더 중요하다."

세상은 기준을 들이민다. 결혼 적령기, 연애 적령기, 그리고 타인과의 비교. 하지만 모든 삶엔 저마다의 리듬이 있고, 때가 있다. 지금 혼자인 것이 편하고 충만하다면, 그건 틀린 것이 아니고, 단지 다른 길을 걷고 있는 것일 뿐이다. 오히려 억지로 누군가를 만나게 된다면, 그 관계는 의무가 되고 사랑은 역할극이 된다. 그때부터는 평온 대신 피로가 쌓인다.

연애도, 결혼도, '해야 한다'에서 시작되면 나를 소모시키는 행위가 되는 것이다. 사랑은 나를 다 잃은 후에 찾아오는 게 아니라, 나와 다른 누군가가 함께 만나서 이루어 나가는 또 하나의 따뜻한 인연이어야 한다는 것을 기억하자.

◉ **지금, 마음 공부**

"지금 혼자인 내가 더 나답고, 더 온전하지 않은

가?"

 중요한 건 연애나 결혼을 했느냐가 아니라, 그 삶 안에서 내가 편안한가이다. 타인의 시선은 잠깐의 바람이고, 진짜 중요한 건 그 바람 속에서도 흔들리지 않는 나의 중심임을 잊지 말아야 한다. 지금의 나를 충분히 이해하고, 혼자인 나와 친해지는 시간을 받아들일 수 있어야 누군가와 함께할 때도 나를 잃지 않는다.

 삶은 수많은 선택이다. 연애도, 결혼도 내 삶의 일부고, 선택할 수 있다. 그리고, 그 모든 선택보다 더 우선인 것은 당신의 삶을 당신이 사랑하고 있는가이다.

행복이 자꾸
멀어지는 이유

마음의 병 ㉘

 행복해지기 위해 애썼다. 열심히 일하고, 목표를 이루고, 나름대로 성취도 쌓았다. 그런데 문득 돌아보면, 정작 '나는 지금 행복한가?'하는 질문 앞에 멈칫하게 된다. 무언가를 이루면 행복해질 줄 알았는데 그 순간은 짧고, 금세 또 다른 결핍이 고개를 든다. 그래서 자꾸 더 노력하고, 더 기대하지만 마음은 여전히 허전하다. 행복한 삶이라는 건 정말 있는 걸까? 아니면, 그냥 사람들이 쫓는 신기루 같은 걸까?

⊙ 행복은 가까이에

"과거에 집착하지 말고, 미래를 바라는 데 얽매이지 말라. 현재를 정진하는 것이 곧 깨달음의 길이다."

행복을 목표로 삼는 순간, 그건 이미 도달해야 할 대상이 되어 지금의 마음을 놓치게 만든다. 불교에서는 행복을 이렇게 바라본다. 완성하는 것이 아니라 느끼는 것이라고.

한 사람의 이야기가 있다. K는 오랫동안 '성공 = 행복'이라는 공식을 믿으며 달리고 또 달렸다. 그렇게 성취는 쌓였지만, 마음은 자꾸 텅 빈 것 같다고 느꼈다. 그러다 어느 날, 그는 멈춰 섰다. 아무것도 특별하지 않은 아침, 햇살, 바람, 새소리, 따뜻한 커피 한 모금. 그 모든 순간들이 말해주었기 때문이다. 행복은 '언젠가'가 아니라 '지금, 여기'에 머무는 마음이라는 것을.

불교에서는 이 마음을 정념(正念)이라고 부른다. 지금의 순간을 있는 그대로 바라보는 태도. 거기서 진짜 충만함이 자라난다.

⊙ 지금, 마음 공부

"나는 지금, 무엇을 좇고 있을까? 이미 곁에 있는 것을 놓치고 있는 건 아닐까?"

행복은 반드시 커야 할 필요도, 화려할 필요도 없다. 당신 안에 머무는 충만함과 익숙한 일상에서 느끼는 작지만 선명한 기쁨만 있으면 된다. 그것들이야말로 지속 가능한 행복의 진짜 얼굴이다. 그러니 너무 멀리서 행복을 찾으려 애쓰지 말자. 행복은 목표가 아니니까.

잊히지 않는 고통,
멈춰 있는 마음

마음의 병 ㉙

 과거는 지나갔지만, 기억은 남아 있다. 눈을 감으면 떠오르는 장면들, 누군가의 말 한마디만으로도 마음이 그날로 되돌아가 버릴 때가 있다. 정작 상처를 준 사람은 잘살고 있는 거 같은데, 당신은 여전히 그때, 그 시절에 멈춰 있다. 겉으론 괜찮은 척하지만, 속마음은 아직도 벗어나지 못하고 있으니까. 언제쯤이면 이 기억에서 벗어날 수 있을까. 이 아픔은 언제쯤 끝날까.

마음의 약 ㉙

⊙ 증오를 끊고, 나를 중심에 두는 연습

"증오는 증오로 갚을 수 없다. 오직 자비로써만 그 증오를 없앨 수 있다. 이것이 영원한 진리이다."

불교에서는 이렇게 바라본다.

"고통을 억지로 밀어내지 말고, 있는 그대로 바라보라. 그것이 치유의 시작이다."

지금도 아픈 이유는 그 시절의 내가 정말로 많이 힘들었기 때문이다. 외로웠고, 억울했고, 누구도 내 편이 아니었다. 그래서 지금도 마음이 거기에 머물러 있는 것이다. 그러니 먼저, 그 고통을 견디며 오늘까지 살아낸 당신을 다정하게 바라보는 연습부터 하자. 그것이 회복의 첫걸음이다.

가해자가 어떻게 사는지는 중요하지 않다. 중요한 건, 당신이 어떻게 오늘을 살아가고 있는가다. 부처의 말처럼, 상처를 없애는 힘은 증오가 아니라 자비에서 온다. 그 자비는 타인을 위한 것이 아니라, 지금도 힘겨운 당신을 위한 것이어야 한다.

⊙ 지금, 마음 공부

"나는 과거를 살아가는 사람이 아니라, 현재를 살아가는 사람이다."

고통스러운 기억은 지워지지 않을 수도 있다. 하지만 그 기억 속에 계속 갇혀 있을 필요는 없다. 지금 중요한 건, 상처를 붙잡고 나를 찌르지 않는 연습과 오늘의 당신이, 그때의 당신을 조금씩 구해내고 있다는 사실을 아는 것이다. 완전히 괜찮아지지 않아도 괜찮다. 가끔은 그저 조용히 아팠던 마음을 쓰다듬어 주는 것만으로도 충분하다.

떠나고 싶은 마음,
망설여지는 현실

마음의 병 ㉚

 감정은 떠나고 싶은데, 현실은 계속 발목을 잡는다. 집에 있으면 숨이 막히고 매일이 버티는 일처럼 느껴진다. 그래서 최후의 수단으로 독립을 생각해 보지만, 막상 생활비며 저축, 미래에 대한 불안이 또다시 마음을 붙잡는다. 지금 나가는 게 맞을까, 아니면 조금 더 참고 준비해야 할까?

⊙ 어디에도 사로잡히지 않고, 내 삶을 선택하는 용기

"어디에도 머무르지 말고, 그 마음을 내라."

가족은 삶의 뿌리지만 때로는 그 뿌리가 나를 너무 깊게 조여올 때도 있다. 지금의 괴로움은 독립을 해야 할지, 말지에 대한 문제만은 아니다. 벗어나고 싶은 감정과 지켜야 할 현실 사이에서 흔들리는 마음을 어떻게 바라볼 것 인가의 문제다.

불교에서는 이렇게 바라본다.

"고(苦)는 피하는 것이 아니라 바라보는 것이다."

괴로움을 없애기 위해 성급하게 결정을 내리는 것이 아니라, 그 괴로움이 말하고 있는 삶의 방향을 차분히 들여다보는 일. 그것이 첫 번째 선택이다. 누군가는 숨이 막히는 일상에서 감정을 더는 견딜 수 없어 작은 방 하나라도 스스로의 공간을 마련했다. 그리고 거기서부터 다시 삶을 다져갔다. 또 다른 누군가는 당장은 떠날 수 없었기에 도서관, 카페 같은 외부 공간에서 자신만의 숨구멍을 만들었다. 그 틈 사이에서 준비하고 감정을 정리한 후에 독립을 선택했다.

여기서 중요한 건, 지금의 나에게 무엇이 더 필요한가에 대한 그 질문을 정직하게 던지는 것이다.

⊙ 지금, 마음 공부

"나는 지금, 어떤 공간에서 살아가고 싶은가?"

"이 감정에서 도망치고 싶은 건가, 아니면 내 삶을 지켜내고 싶은 건가?"

독립이 도망이라고 생각하지 말자. 준비된 선택도, 감정적인 결단도 될 수 있기 때문이다. 하지만 무엇보다 중요한 건 그 결정이 나를 위한 것인지, 아닌지를 분명히 알아야 한다. 돈은 다시 모을 수 있다. 그러나 무너진 마음은 오래 방치하면 자기를 잃어버리게 된다. 지금 당신이 서 있는 자리에서 한 발만 더 나아가도 좋다. 바로 거기서, 당신의 삶이 다시 시작될 수도 있을 것이다.

완벽하지 않으면
시작도 못 하는 마음

마음의 병 ㉛

 해야 할 일이 쌓여만 간다. 그런데 시작이 어렵다. 계획은 세우지만, 손이 가지 않고 '이왕 할 거면 완벽하게 해야지' 하는 생각에 자꾸만 미루게 된다. 그렇게 하루가 지나고 스스로를 또 원망한다. '나는 왜 이것도 못 하지?' 자기혐오가 뒤따르고, 그다음 날은 더 시작하기 힘들어진다. 게으른 게 아니라는 건 안다. 그런데 왜 이렇게 한 발 내딛는 일이 어려운 걸까?

마음의 약 ㉛

⊙ 잘하려 애쓰기보다, 지금 해보려는 용기

"과거는 이미 지나갔고, 미래는 아직 오지 않았다. 오직 지금 이 순간만이 수행의 대상이다."

완벽주의는 더 나은 결과를 만들고 싶은 마음이 만든 자기 검열일 수 있다. 그 안에 숨어 있는 건 두려움이다. '실패하면 어쩌지' '시작했는데 잘 못하면 어떡하지' 그러한 마음이 커질수록 시작으로부터 더 멀어질 수밖에 없다. 그래서 우리는 어쩔 수 없이 자꾸 미루곤 한다. 불교에서는 이렇게 바라본다.

"현재를 바로 보는 것이 삶을 바꾸는 첫걸음이다."

이건 게으름만이 원인은 아니다. 당신의 마음이 다치지 않기 위해 할 수 있는 최선의 회피인 것이다. 그럴 땐 이 질문을 던져보는 건 어떨까.

"나는 왜 완벽해야만 한다고 믿고 있을까?"

그리고 아주 작은 일, 작은 시도라도 괜찮으니 한 걸음씩 내딛어 보자. 그 한 걸음이 나도 할 수 있다는 새로운 감각을 깨워줄 것이다. 완벽은 나를 평가하지만, 시작은 나를 살린다.

⊙ 지금, 마음 공부

"오늘 하루, 완벽하지 않아도 괜찮다고 내가 나에게

말해줄 수 있을까?"

 삶은 처음부터 끝까지 완벽하게 해내는 여정이 아니라, 실수하면서도 다시 시작할 수 있는 마음의 훈련임을 잊지 말아야 한다. 불안 앞에서도 멈추지 않으려는 마음, 그게 진짜 용기다. 오늘은 조금 어설퍼도 괜찮다. 지금, 당신은 스스로를 위한 첫 단추를 끼우는 중이다. 그러니 잘하려 하기보다 해보려는 마음을 가지고 있어 보자. 분명, 당신을 앞으로 이끌 것이다.

걱정이 머릿속을
떠나지 않을 때

마음의 병 ㉜

 별일 아닐 수도 있는데, 계속 마음이 무겁다. 하루 종일 작은 일들을 붙잡고 '혹시라도', '만약에'라는 생각에 머릿속은 멈추지 않고 돌아간다. 밤에는 뒤척이다 잠들지 못하고, 낮에는 걱정 때문에 집중이 안 된다. 문제는 현실보다 내 머릿속에 있다. 그런데도 도무지 멈추기가 어려울 땐 어떻게 해야 할지 모르겠다.

마음의 약 ㉜

⊙ 걱정을 흘려보내는 마음 훈련

"과거를 좇지 말고, 미래를 바라지 말며, 현재의 진리를 관찰하라. 과거와 미래에 마음을 빼앗기지 않는 자는 흔들리지 않는다."

불교에서는 이렇게 바라본다.
"일어나지 않은 일을 미리 떠올리며 괴로워하는 걸 '망상'의 상태라고 한다."

우리 뇌는 부정적인 자극에 더 민감하게 반응한다. 그래서 같은 생각을 반복할수록 그 길은 점점 더 깊게 패이고, 마음은 무의식적으로 걱정을 향해 걸어간다. 하지만 걱정은 이겨야 할 적이 아니고, 자연스레 흘러갈 수 있도록 두어야 할 손님이다. 걱정은 밀어낼수록 더 선명해지고, 억지로 없애려 하면 더 깊게 자리 잡는다. 그럴 땐 아주 작게 시작해 보자. 차 한 잔의 향을 느끼고, '지금 이 순간'에 집중하는 5분.

"지금은 그 생각을 할 시간이 아니야"

조용히 마음속으로 말해보는 연습. 불교에서 말하는 정념(正念), 바로 지금 여기에 깨어 있는 마음. 그게 걱정에 잠식되지 않는 시작이 된다.

⊙ 지금, 마음 공부

"나는 지금, 실제로 어떤 문제를 겪고 있는가? 아니면, 마음이 만들어 낸 그림자에 휘둘리고 있는가?"

걱정은 실제보다 더 커 보이게 만드는 마음의 습관이다. 스웨덴 속담은 말한다.

"걱정은, 작은 일에도 큰 그림자를 드리운다."

그림자를 없애려 애쓰기보다, 실체를 바라보는 눈을 키우는 것. 그게 지금 가장 첫 번째로 필요한 훈련이다. 걱정을 없애는 건 어렵다. 하지만 걱정 속에서도 지금의 나를 중심에 두는 연습은 가능하다. 한숨 쉬어도 괜찮다. 그 한숨이 마음을 덜어내는 시작될 수 있으니까.

낮아지는 자존감

마음의 병 ㉝

 누가 뭐라 하지 않았는데 스스로를 끝없이 책망한다. '왜 이것밖에 못 했지?' '나는 왜 이렇게 부족하지?' 작은 실수 하나에도 마음이 무너지고, 별일이 없어도 자신을 깎아내리기 바쁘다. 그럴수록 자존감은 점점 낮아지고 마음은 점점 더 지쳐간다. 다른 사람 앞에선 괜찮은 척해도 속마음은 하루에도 몇 번씩 무너진다. 이런 당신을, 어떻게 하면 조금 더 다정하게 바라볼 수 있을까?

마음의 약 ㉝

⊙ 나에게 등불을 건네는 연습

"스스로를 해친다면, 누구를 이롭게 하겠는가."

불교에서는 자비(慈悲)에 대해서 이렇게 바라본다.
"자비(慈悲)는 남에게 베풀기 전에 먼저 자기 자신에게 실천하라."

자존감은 '잘했을 때' 생기는 게 아니라 흔들릴 때 더 꼭 붙잡아야 할 마음의 중심이다. 그러니 '나는 왜 이럴까'라는 말 대신 '오늘도 애썼어'라고 말해보자. 그 말 하나가 당신의 마음속 어둠을 조금씩 밝히는 등불이 될 것이다.

작은 실수에 자신을 몰아세우다 보면 어느새 자기 자신을 믿는 힘까지 잃어버리게 된다. 그럴 땐 비난을 멈추고, 자신에게 다정해지는 연습부터 다시 시작해보자. 불교에서는 '수행의 첫걸음'을 있는 그대로의 나를 알아차리는 시선이라고 본다.

⊙ 지금, 마음 공부

"나는 지금, 나를 얼마나 깎아내리고 있는가?"
"지금의 나에게 정말 필요한 건 무엇일까?"

자존감은 몰아세움이 아니라, 이해와 인정에서 자라난다. 누구보다 나에게 다정해질 수 있을 때, 우리는 세상의 말과 시선에 덜 흔들린다. 성장이란 스스로를 미워한 끝에서 오는 것이 아니라, '나' 자신에게 자리를 내어주는 것에서 시작된다. 그러니 지금 낮아진 자존감 앞에서 자신을 밀어내기보다 한 걸음 다가가는 용기, 그것이 이미 '빛을 향해 나아가는 마음'임을 기억하자.

인간관계가 힘든
내향적인 성격

마음의 병 ㉞

 새로운 사람을 만나면 입을 떼는 것부터가 어렵다. 친해지고 싶은 마음은 굴뚝같지만, 어쩐지 자꾸 조심스러워지고, 말이 어색하게 흘러나온다. 그래서 멀어진다. 아무도 당신을 밀어낸 건 아닌데, 당신 혼자만 남은 것 같은 기분이 들 때가 있다. 사람들과 가까워지고 싶으면서도 다시 상처받을까 봐 주춤하는 마음. 이 성격 바꿔야 하는 걸까, 아니면 그냥 이렇게 살아야 할까.

마음의 약 ㉞

⊙ 바꾸기보다 받아들이는 힘

"자기를 이기는 것이 가장 어렵다."

불교에서는 이렇게 바라본다.

"진짜 어려운 싸움은 남과의 비교가 아니라, 지금의 나를 받아들이는 일이다."

내향적인 성격은 결코 고쳐야 할 문제라고 보지 않는다. 빨리 친해지진 않아도, 곁을 지키고 진심을 나눌 줄 아는 힘은 내향적인 사람만이 가진 결이다. 불교에서 말하는 무위(無爲)의 태도처럼 억지로 애쓰지 않아도 일은 자연스러운 흐름 속에서 이루어진다.

관계도 마찬가지다. 크게 드러나지 않아도, 작게 그리고 오래도록 남을 수 있다. 세상은 외향성을 기준으로 말하지만, 모든 사람이 그 기준을 따라야 할 이유는 없다. 중요한 건, 내가 편안한 방식으로 관계 맺고 있는가이다.

⊙ 지금, 마음 공부

"나는 나를 자꾸 바꾸려 하고 있지는 않은가? 아니면, 지금의 나를 알아주는 방식을 찾아가고 있는가?"

내향적인 성격은 약점이 될 수 없다. 단지 깊이 듣고, 천천히 자신만의 속도로 따뜻한 사람이 되는 방식의 차이점이다. 만약 지금 인간관계에 지치고 있다면, 사람들과 잘 어울리는 법보다 스스로를 지키며 관계 맺는 방식을 익힐 때일지도 모른다.

  말이 서툴러도 괜찮다. 느린 걸음이어도 충분하다. 당신은 당신만의 속도로 지금도 누군가의 마음에 가닿고 있다. 꼭 요란하지 않아도 된다. 담백하고 진심 어린 다가섬이 가장 따뜻한 연결이 되기도 하니까.

죽고 싶은 마음이
밀려올 때

마음의 병 ㉟

 아무 일도 아닌 척 살아가지만, 사실은 매일 매일이 너무 버겁다. 누구에게도 말하지 못하고 꾹 눌러 담은 마음이 점점 더 무거워진다. '그냥 끝내고 싶다'는 생각이 자주 들고 누구도 당신의 마음을 모른다는 외로움에 숨이 막힐 때가 있다. 죽고 싶은 마음이 살고 싶은 마음보다 커진 지금, 이 감정을 어떻게 견뎌야 할까.

마음의 약 ㉟

⊙ **끝내기보다, 한 걸음 덜 아픈 쪽으로**

"그대 자신을, 세상 누구보다 소중하게 여겨라."

불교에서는 이렇게 바라본다.

"삶이 괴로울 때, 그 고통을 억지로 없애려 하지 말고 그 자리에 그대로 앉아 바라보라."

이 말은 즉, 거기서부터 다시 길이 열리기 때문이다. 살면서 누구나 버티기 힘든 어둠을 마주할 때가 있다. 그 어둠 속에서 '모든 걸 끝내고 싶다'는 생각이 들 수 있다. 결코 이상한 것이 아니다. 중요한 건, 그 생각이 당신의 전부는 아니라는 것.

지금 당신은 분명 힘든 상태다. 그걸 애써 부정할 필요도 없다. 다만, 이 고통만으로 당신의 삶 전체를 정의하지 않기를 바란다. 지금도 당신은 묻고 있다.

"이 마음, 어떻게 해야 할까?"

그 질문을 한다는 것은 아직 포기하지 않았다는 증거다. 삶은 끝내야만 멈추는 게 아니라, 잠시 멈춰 설 수도 있는 것임을 잊지 말길 바란다.

⊙ **지금, 마음 공부**

"나는 지금, 너무 오래 애쓰고 있는 건 아닐까?"

"지금 필요한 건 끝이 아니라, 조금 덜 아픈 방향일

지도 몰라."

삶이 너무 아파서 주저앉고 싶을 때, 그건 당신이 약해서가 아니라 그만큼 오래 버텨왔기 때문이다. 오늘 하루만이라도 당신을 가장 안전하고 편안한 곳에 두자. 누구에게 말할 수 있다면 어떤 방식으로든 마음을 내어보자. 울어도 괜찮다. 혼자가 아니라는 걸 잊지 않길 바란다.

지금 이 순간을 견디고 있는 당신은 이미 스스로를 어둠에서부터 구하는 중이다. 아직 다 살아보지 않은 삶엔 상상하지 못한 순간들이 기다리고 있을지도 모른다. 그러니 오늘 하루, 끝내기보다 살아내는 쪽을 선택해 보자. 당신이 사는 하루가 누군가에게는 가장 큰 위로가 될 수도 있으니까.

죽음이 두렵다

마음의 병 ㊱

 어느 날 갑자기 '죽음'이라는 단어가 마음 한가운데 들어앉았다. 잠들기 전, 세상이 끝나는 상상을 하거나, 누군가의 죽음을 마주할 때 문득, 당신에게도 언젠가는 그런 순간이 올 거라는 두려움이 밀려온다. 죽음 이후엔 정말 무언가가 있을까. 완전히 사라진다는 건 어떤 감각일까. 끝을 상상하면 할수록, 마음이 막막하고 흔들린다.

⊙ 죽음을 두려워하지 않고, 삶을 살아가는 법

"내 삶은 무상하다. 나는 반드시 죽음을 맞이할 것이다."

우리는 아직 죽음을 '살아보지 않았기'에 그 길 앞에 서면 누구나 망설인다. 그러니 죽음이 두려운 건 이상한 일이 아니라, 너무도 자연스러운 마음이다. 불교에서는 이렇게 바라본다.

"죽음은 사라짐이 아니라, 흐름의 또 다른 모습이다."

이렇듯, 불교에서 죽음은 촛불이 꺼지는 게 아니라 다른 곳으로 옮겨지는 것처럼 바라본다. 삶이 이어지듯, 마음의 흐름도 멈추지 않고 다음 생으로 이어진다는 것이다. 그것이 불교에서 말하는 윤회(輪廻)이며, 죽음은 끝이 아니라 형태를 바꾼 연결임을 뜻한다. 그래서 부처는 죽음을 걱정하기보다, 지금 이 순간의 삶을 충실히 살아가라고 말했다.

⊙ 지금, 마음 공부

"나는 왜 죽음을 떠올릴까? 그 두려움은, 어쩌면 지금의 삶을 더 깊이 이해하고 싶은 마음 아닐까?"

죽음을 자주 생각할수록 삶의 소중함은 더 절실해

진다. 삶과 죽음은 서로 떨어져 있는 것이 아닌, 뗄레야 뗄 수 없는 연결체이다. 지금 이 삶을 어떻게 살아가느냐가 죽음을 어떻게 맞이할지를 정한다. 사후세계는 누구도 확신할 수 없지만 이 삶을 성실히 살아가는 선택은 지금 당장 내가 할 수 있는 가장 확실한 실천이다.

오늘 하루, 말과 행동과 생각을 맑게 해보자. 그 방향으로 걸을수록 죽음의 두려움은 서서히 물러나고 그 자리에 평온이 깃들게 될 것이다.

3장

욕망이 만든 덫

무기력증

마음의 병 ㊲

해야 할 일은 많은데, 몸이 말을 듣지 않는다. 눈은 떴지만 다시 감고 싶고, 해야 한다는 생각조차 버겁다. 하루가 그대로 흘러가는 걸 그저 지켜보는 느낌이다. 조금 움직였다가 다시 멈추고, 결국 침대 밖으로 나오는 것조차 어려워진다. '왜 이렇게 의욕이 없을까' '나는 왜 이 모양일까' 이럴수록 자꾸만 당신을 탓하게 되는 마음. 이건 나약함일까, 아니면 무기력이라는 이름의 신호일까?

마음의 약 ㊲

⊙ 무기력은 게으름이 아니라, 쉬라는 마음의 신호

"그대들 스스로 해야 하리니, 깨달은 이는 다만 길을 보여줄 뿐이다."

지금 당신의 마음은 '그만 좀 애쓰자'고 말하고 있는지도 모른다. 불교에서는 이렇게 바라본다.

"무기력은 없애야 할 대상이 아니라, 아직 빛이 닿지 않은 마음의 한켠이다."

삶이 멈춘 게 아니라, 잠시 멈춰야 한다는 신호일 수도 있다. G 씨도 그랬다. 열정적이던 일이 무의미하게 느껴지고, 소파에 누워 핸드폰만 보며 하루를 버티던 나날들. 그러던 어느 날, 한 스님의 말을 들었다.

"물이 흐르지 않으면 썩듯, 마음도 움직이지 않으면 무거워집니다."

그 말 한 줄이 마음에 들어왔다. 그래서 그 이후로 그는 아주 작게, 하루 10분 스트레칭하는 것부터 시작했는데, 작은 움직임 하나가 무거웠던 마음을 서서히 가볍게 만들어 주었던 계기가 되었다고 한다.

⊙ 지금, 마음 공부

"지금 내가 할 수 있는 아주 작은 움직임은 무엇일까?"

3장. 욕망이 만든 덫

무기력에서 벗어나는 데 거창한 결심은 필요 없다. 작은 실천 하나만으로도 마음은 다시 전처럼 흐르기 시작할 것이다. 예를 들어, 책 한 페이지 읽기나 좋아하는 음악 듣기, 따뜻한 차를 한 잔 마시기 등. 그 모든 것이 어둠 속에서 작은 불빛이 될 수 있다. 부처는 이렇게 말했다.

"정진하는 이는 등불을 들고 어둠 속을 걷는 이와 같다."

빛은 멀리 있지 않다. 당신이 지금 켜려는 그 작고 흔들리는 마음속에 이미 와 있다. 무기력함은 여전히 살아가고 싶은 마음의 또 다른 모습이다. 그러니 그 마음은 언젠가 반드시 당신을 다시 일으켜 세울 것이다.

불면증,
잠 못 드는 밤

마음의 병 ㊳

깊은 밤, 불을 끄고 누웠는데도 마음은 멈추지 않고 돌아간다. '아까 왜 그런 말을 했지?', '내일은 또 어떻게 버텨야 하지?', '이러다 정말 큰일 나는 거 아닐까?' 분명, 몸은 누워 있는데 생각은 한밤의 회전목마처럼 계속 돌고 돈다. 잠이 안 올까 봐 걱정하고, 걱정하니까 잠은 더 오지 않는다. 밤이 깊어질수록 마음은 더 예민해지고, 그 어둠 속에서 당신은 혼자 남겨진 사람처럼 느껴진다. 어떻게 해야 깊은 잠이 들 수 있는 것일까.

⊙ 불면은 '쉬지 못하는 마음'의 다른 이름

"마음은 들뜨고 흔들리기 쉬워 보호하기 어렵다. 마음을 지혜롭게 잘 다스릴 때, 바로 그 마음이 행복을 가져온다."

불면은 잠을 못 자는 문제만이라고 볼 수 없다. 몸은 누워 있어도 마음은 아직 온전히 누워 있지 못한 상태. 해결되지 않은 감정, 끝내지 못한 생각, 마무리되지 못한 하루의 파편들. 그것들이 마음 한가운데 남아 쉼을 허락하지 못하고 있는 중이다.

불교에서는 이렇게 바라본다.

"잠들지 못하는 자신을 억누르지 말고, 천천히 바라봐라."

그 마음이 왜 쉬지 못하는지 다정하게 물어보라고 한다. 억지로 재우려 할수록 마음은 더 긴장하게 된다. 잠이라는 결과보다, 지금 당신의 마음이 얼마나 지쳐 있는지를 먼저 살펴주는 일이 더 중요하다.

⊙ 지금, 마음 공부

"지금 내 마음은 어디에서 쉬지 못하고 있는 걸까?"

불면은 이겨야 할 적이 아니니, 물리치려고 애쓰지

말자. 그저 손을 잡아줄 '내 마음의 상태' 중 하나일 뿐이다. 오늘도 애쓰며 살아온 당신에게 작은 위로 하나 건네 보자.

"오늘 많이 힘들었지. 그러니 당장 자지 않아도 괜찮아."

그 말 하나로 긴장한 마음이 조금 풀릴 수도 있다. 향이 은은한 차 한 잔, 살짝 열어둔 창문, 작게 흐르는 음악, 잠을 부르는 것이 아니라 당신의 마음을 쉬게 해주는 것들. 불교에서는 이것을 '마음을 돌보는 수행'이라 부른다. 억지로 잠을 청하지 않아도 괜찮다. 이 순간에 나를 다그치지 않고 바라보는 것 자체로도 이미 회복되고 있는 것이다.

밤이 깊어도, 그 어둠을 조금 덜 외롭게 만드는 일이 가능하다. 그리고 그건, 오늘 당신이 스스로에게 해줄 수 있는 가장 따뜻한 선물일지도 모른다.

말 한마디에
쉽게 무너질 때

마음의 병 ㉟

정말 별 뜻 없이 던진 말일 텐데, 당신은 그 말을 며칠째 품고 있다.

"그때 왜 그런 말을 했지?", "혹시 나를 싫어하는 건가?", "내가 뭔가 잘못한 걸까?"

그 사람은 잊었을 말 한마디에 당신은 밤마다 마음을 되새긴다. 계속해서 그 장면을 떠올리고, 의미를 덧붙이다 보면 그 말이 아닌, 당신 안에서 생긴 해석이 당신을 더 아프게 만들기도 한다. 더 이상 상대가 던진 말 한마디에 상처받지 않고 싶다.

마음의 약 ㉟

⊙ 그 말은 내 것이 아닌, 그 사람의 것

"그 사람이 나를 욕했다, 때렸다, 이겼다, 훔쳤다고 생각하며 살면 그 생각이 원한이 되어 계속 남는다."

말이 상처가 되는 건 그 말이 나빴기 때문이 아니라 그 말에 내가 머무르고 있기 때문이다. 말은 바람과도 같다. 지나가면 그뿐인 것들이 대부분이다. 하지만 당신은 그 바람에 의미를 더하고, 감정을 쌓고, 상처로 만들어 스스로를 괴롭게 만들고 있다. 한 스님은 이렇게 말했다.

"그 사람 말은 그냥 그 사람 생각이에요. 거기에 마음을 뺏기지 마세요."

모든 말은 그 사람의 조건과 배경, 그 순간의 감정에서 나온 것일 뿐. 그러니 상처받는 마음이 잘못됐다고 받아들이지 말고, 단지 당신이 좀 더 섬세하고 민감한 사람이라고 인정해 보자. 그 감정에 너무 오래 머물면 결국 무너지는 건 당신 자신이니, 지혜롭게 그 순간들을 헤쳐 나가는 용기도 필요하다.

⊙ 지금, 마음 공부

"나는 왜 그 말에 멈춰 있었을까?"

말은 머무르지 않는다. 당신이 그 자리에 머물렀을

뿐이다. 그러니 이제, 그 말들을 '나와 분리'하는 연습을 해 보자.

"그 말은 그 사람의 것, 그 감정은 내 것."

이렇게 선을 긋는 것만으로도 상처의 무게는 조금씩 가벼워진다. 부처는 말한다.

"흘러가는 것을 흘려보내라. 마음을 중심에 두어라."

그 말을 며칠이나 곱씹으며 당신이 누구보다도 이겨내기 위해 애썼다는 걸 안다. 그렇지만 이제는 그 마음을 놓아줄 때다. 당신은 말에 흔들릴 만큼 여린 사람이지만, 그 말로부터 다시 일어설 줄도 아는 단단한 사람이기 때문이다. 그러니 오늘부터는 흔들리는 말보다, 흔들리지 않는 나를 믿는 연습을 시작해 보자. 그것이, 당신을 상처에서 건져내 줄 것이다.

돈과 행복은
비례할까?

마음의 병 ㊵

돈이 많으면 불안도 사라지고, 원하는 삶을 살 수 있을 것 같다. 여유롭게 일하고, 걱정 없이 먹고 자고, 하고 싶은 일을 마음껏 할 수 있다면 그게 진짜 자유 아닐까? 하지만 그 '자유'는 왜 언제나 조금 더 많은 돈을 필요로 할까? 돈을 모을수록 더 큰 불안이 생기고, 비교의 잣대는 끊임없이 높아진다. 욕망은 자라는데 행복은 따라오지 않는 듯하다.

마음의 약 ㊵

⊙ 돈은 돌과 같으니라, 보는 이에 따라 값이 달라진다

"욕망은 만족을 모른다. 이는 물에 던진 불붙은 화살과 같다."

돈을 벌고 싶다는 마음은 당연한 것일 뿐, 잘못된 것이 아니다. 더 풍요롭고, 더 안정적인 삶을 바라는 자연스러운 인간의 바람이기 때문이다. 하지만 그 마음속을 들여다보면 '지금은 부족하다'는 불안이 그 바람을 키우고 있다는 걸 알 수 있다. 불안이 커질수록 욕망은 끝을 모르고 계속해서 번져간다.

어느 날, 한 제자가 부처를 찾아가 말했다.

"부처님, 저는 부자가 되고 싶습니다. 어떻게 하면 될까요?"

그러자 부처는 작은 돌 하나를 조용히 건네며 이렇게 말했다.

"이 돌을 시장에 가져가 값을 매겨보되, 절대 팔지는 마라."

제자는 곧장 시장으로 갔지만 사람들은 고개를 저었다. 그건 그저 평범한 돌이라고. 그러자 다시 부처는 말했다.

"이번엔 보석상에게 가져가 보아라."

보석상은 돌을 한참 들여다보더니 말했다.

"이건 매우 귀한 원석이구나. 엄청난 가치를 지니고 있어."
제자는 혼란스러워하며 다시 부처를 찾아가 물었다.
"스승님, 같은 돌인데 왜 보는 사람마다 값이 다릅니까?"
부처는 미소 지으며 말했다.
"돈은 돌과 같으니라. 보는 이에 따라 값이 달라지는 것이다. 돈을 다스리는 이는 복을 얻고, 돈에 휘둘리는 이는 괴로움을 얻는단다."

이처럼 돈은 선도 악도 아닌, 그 자체로 지닌 도구일 뿐이다. 그것을 향한 당신의 태도가 삶의 결을 결정 짓는다.
불교에서는 이렇게 바라본다.
"조금 가진 것에 만족하는 사람은, 부자 중에서도 가장 부자다."

⊙ 지금, 마음 공부

"나는 왜 이렇게 돈을 원할까? 그 바람 안에 어떤 감정이 숨어 있을까?"

욕망을 들여다보는 일은 탓하거나 억누르기 위한 것이 아니라, 그 마음의 진짜 이유에 다가가기 위해서다. 부자가 되고 싶다는 생각이 나쁘다는 것이 아니다. 다만, 그 바람이 당신을 자꾸 초조하게 만들고 지금을 충분히 누리지 못하게 한다면, 그건 '욕망'이 아니라 '불안'일지도 모른다.

진짜 부자는 많이 가진 사람이 아니라, 감사할 줄 아는 마음을 지닌 사람이다. 즉, 돈이 많아진다고 해서 삶이 행복해지는 것이 아니라는 것이다. 당신이 '더 가지는 삶'이 아니라 '덜 흔들리는 삶'을 바라본다면, 그 욕망은 욕심이 아니라 지혜로 바뀔 수 있다.

그러니 더 가지려 애쓰기보다 지금 당신이 가진 것들 안에서 감사할 수 있는 힘을 키워보자. 비교 대신 기준을 바꾸고, 부러움 대신 방향을 찾는 연습이다. 돈이 따라오는 삶이 아니라, 내가 중심이 되는 삶. 그리고 그 길 위에 서 있을 때, 당신은 이미 '가장 부유한 마음'을 지닌 사람이 되어 있을 것이다.

보상 심리와 과소비

마음의 병 ㊶

기쁜 날엔 뭔가 사고 싶어진다. 시험에 붙었을 때, 프로젝트를 마쳤을 때, "이 정도는 괜찮잖아"라며 클릭한 구매 버튼. 잠깐은 기분이 좋아진다. 그런데 며칠 지나고 나면 마음이 허해지고, "왜 또 필요 없는 걸 샀을까"와 같은 뒤늦은 후회가 밀려온다. 기쁨을 나누고 싶은 마음, 애쓴 자신에게 뭔가 해주고 싶은 마음은 좋다. 다만 문제는, 당신의 그 마음이 자꾸 소비로만 향할 때, 기쁨은 점점 사라지고 욕망만 남게 되는 것이다.

⊙ 기쁨을 지혜롭게 쓰는 법

"조금 가진 것으로 만족하는 사람은, 부자 중에서도 가장 부자다."

불교에서는 욕망을 금지하지 않는다. 오히려 억누르거나 없애려 애쓰기보다, 그 마음을 있는 그대로 바라보라고 한다. 무조건 절제하거나, 무조건 허락하지도 않는 것. 그게 바로 불교에서 가르치는 중도(中道)의 길이다. 너무 빠져들지도 않고, 너무 밀어내지도 않는 균형.

보상의 방식은 반드시 물질적인 것일 필요가 없다. 좋아하는 음악 한 곡, 나와의 산책, 오랜 친구와의 짧은 통화. 그런 방식도 기쁨을 충분히 담을 수 있다. 지속되지 않는 소비보다, 지속되는 여운이 더 오래 남는다. 기쁨은 애쓴 자신에게 돌아온 선물이다. 그 소중한 마음을 조금 더 나에게 맞는 방식으로 써보는 것. 그게 바로 욕망에서 자유로워지는 첫걸음임을 기억하자.

⊙ 지금, 마음 공부

"나는 왜 꼭 뭔가를 사야 기분이 나아질까?"

그 질문을 정직하게 들여다보는 것부터 시작이다.

기쁨이 소비로만 연결될 때, 마음은 점점 더 큰 자극을 원하게 된다. 결국 진짜 원하는 건 '무언가를 사는 일'이 아니라 '내가 나를 인정해 주는 감각'인지도 모른다.

  기쁠 때 스스로를 채우는 방법을 조금씩 바꿔보자. 물건 대신 경험을, 소비 대신 쉼을. 욕망을 다스리는 건 그 마음을 부정하는 게 아니라, 그 마음에 지혜를 더하는 것이다. 기쁨을 오래 곁에 두고 싶다면, 그 기쁨이 흘러갈 그릇을 다시 만들어야 할 때다.

타인과 비교하는 마음

마음의 병 ㊷

 SNS 사진 속 친구들의 모습을 보면 다 잘나는 것처럼 보인다. 여행, 승진, 다정한 연애, 좋은 집, 예쁜 옷. 왠지 그 속에서 당신만 정체된 것 같고, 당신만 아무것도 아닌 것처럼 느껴진다. 처음엔 가볍게 넘기던 손끝도 어느새 무게를 느끼고 "나는 왜 이렇게 초라할까" 하는 생각이 불쑥 올라온다.

 SNS는 그 자체로 문제가 되진 않는다. 하지만 선택된 이미지들을 계속 바라보다 보면 그 이미지가 삶의 기준처럼 보이고, 그 기준에서 벗어난 당신은 불안해진다.

마음의 약 ㊷

⊙ 비교의 렌즈를 벗을 때

"타인의 허물은 쉽게 보고, 자신의 허물은 보기 어렵다. 지혜로운 이는 거꾸로 자신을 살핀다."

SNS 속 사진만 보고, 누군가의 삶을 판단할 수 없다. 즉, 그것이 삶 전체의 모습이 아니라는 것이다. 그저 선택된 장면의 모음일 뿐. 일상의 고단함은 잘려 나가고, 빛나는 순간만이 필터를 입고 남는다. 비교하는 마음은 늘 기준을 바깥에 둔다. 외모, 돈, 커리어, 라이프스타일… 하지만 부처는 "불성"이 이미 각자 안에 있다고 말한다. 이미 충분한 존재인데, 자꾸 남의 빛에 눈을 뺏기면 내 안의 빛은 점점 작아지기 때문이다. 진짜 자유는 바깥에서 오지 않는다. 남의 눈을 멈출 때, 비로소 당신을 있는 그대로 바라볼 수 있다.

⊙ 지금, 마음 공부

"내가 비교하게 되는 건 어떤 이유 때문일까? 진짜 그들이 부러워서 그러는 걸까?"

비교는 한번 시작되면, 멈추기 어려운 습관이다. 그러니 "나도 저만큼 잘 살아야지"라는 다짐보다는 "나는 지금도 괜찮아"라는 인정을 먼저 건네자. 필터

속 타인의 삶을 좇기보다 거울 속 내 눈빛을 다시 보는 일이 비교의 늪에서 빠져나오는 첫 번째 연습이다.

또한, SNS를 보는 시간을 조금 줄여보자. 남의 삶을 들여다보는 대신 당신 안의 불성을 바라보는 시간을 늘려보는 것이다. 지금도 세상에는 저마다 각자의 무게를 안고 살아가는 사람들이 있다. 기회를 얻지 못한 사람들, 병마와 싸우는 사람들, 기본적인 꿈조차 접는 사람들. 당신이 타인의 삶을 부러워하는 그 순간에도 '나는 이미 나만의 삶을 살아내고 있다' '나는 이 삶의 유일한 주인이다'와 같은 긍정적인 마음으로 살아가는 이들이 있다는 사실을 잊지 말자.

'나는 나대로 괜찮다'라는 말이 스스로에게 건네는 가장 단단한 위로다. 세상에 단 하나뿐인 나를 있는 그대로 받아들이는 연습, 그것이 진짜 이 삶을 바라보는 태도이며, 평온함을 유지할 수 있는 길이다.

좋아하는 일과
안정적인 길

마음의 병 ㊸

좋아하는 일이 있다. 하지만 그 길이 너무 불안하다. 안정적인 선택지는 있다. 하지만 마음이 허전하다. 무엇을 택해도 온전하지 않고, 어느 쪽을 택해도 아쉬움이 남는다. 그래서 계속 망설이게 되고, 마음은 자꾸 흔들린다. 한 발 내딛는 것이 왜 이토록 어려운 걸까.

⊙ 진심을 기준으로 방향을 정하는 일

"자신을 아끼는 사람은 자신을 잘 지킨다. 현명한 이는 먼저 자기 자신을 바로 세우며, 자기 안에서 길을 찾는다."

불교에서는 욕망에 끌려가지도, 두려움에 갇히지도 말라고 말한다. 현명한 이는 먼저 자기 자신을 바로 세우며, 자기 안에서 길을 찾는다. 좋아하는 일과 안정 사이에서 고민하는 마음은 사실 '내가 나를 어떻게 지킬 수 있을까'라는 내면의 물음에서 시작된 것일지도 모른다. 좋아하는 일을 선택했다면 그 안에서 자신을 소모하지 않도록 균형을 찾는 것이 중요하고, 안정적인 길을 택했다면 그 안에서도 숨 쉴 수 있는 작은 열정을 놓지 않아야 한다. 부처는 이렇게 말했다.

"자신을 아끼는 사람은 자신을 잘 지킨다."

뭐든 완벽한 선택은 없다. 다만 어떤 길을 택하든 간에 자신을 잃지 않고 진심을 품는다면, 그 길이 곧 바른길이 될 것이다.

⊙ 지금, 마음 공부

"나는 지금, 무엇을 지키고 싶어 하는 걸까?"

"이 선택이 나를 아프게 만들지는 않을까?"

완벽한 선택은 없다. 더 좋고 더 나쁜 길이 정해진 것도 아니다. 그저 지금의 나를 지키는 방향으로 한 걸음 내딛는 일이면 충분하다. 흔들리는 마음을 탓하지 말고, 그 안에서 무엇을 놓치고 싶지 않은지를 가만히 들여다보자. 욕망이나 두려움이 아닌, 진심을 기준으로 방향을 정할 수 있을 때 그 선택은 흔들림 속에서도 나를 중심에 세워줄 것이다.

지금은 속도보다 방향이 중요하다. 욕망이나 두려움이 아닌, 진심에서 출발한 선택만이 흔들리는 나를 다시 붙잡아 줄 수 있다. 조급해하지 말자. 걸어가는 그 길 위에서 당신은 조금씩 당신의 삶을 만들어 가고 있으니.

실패가 쌓일수록
무서워지는 미래

마음의 병 ㊹

  중요한 시험에 떨어진 지 벌써 여섯 번째다. 시간도, 돈도, 마음도 다 써버린 기분이다. 주변 사람들은 제자리를 찾아가는데 당신만 왜 이토록 뒤처진 건가에 대한 생각이 끊이질 않는다. 초조하고, 막막하고 불안하다. 앞이 보이지 않는 이 시기에 어디서부터 어떻게 다시 시작해야 할까.

⊙ 늦은 걸음일수록 단단하게 쌓인다

"정진하는 이는 바람에도 흔들리지 않는 바위처럼 흔들림이 없다."

무너지는 건 한순간이지만, 다시 일어서는 데는 늘 시간이 걸린다. 여섯 번의 낙방. 그 무게는 쉽게 가늠할 수 없다. 부처는 이렇게 말했다.

"과거를 생각하지 말고, 미래를 바라지 말며, 현재의 마음에 집중하라."

실패는 과거에 있고 불안은 미래에서 온다. 그러나 삶을 바꾸는 건 지금뿐이다. 오늘의 선택이 내일을 만들고, 오늘의 태도가 결국 미래를 다시 쓴다. 퇴계 이황은 서른다섯에 급제했고, 마윈은 수많은 낙방에도 결국 성공하여 세계를 움직였다. 늦음이라는 건, 그저 비교에서 비롯된 감정일 뿐이다.

실패는 성공의 어머니라는 말이 있다. 넘어졌다는 이유로 낙담할 필요는 없다. 실패의 경험치들을 모아가다 보면, 결국 그 길은 다음 성공으로 가는 발판이 된다. 실패를 피할 수 없다면 그 실패로부터 배워야 한다. 무너지지 않기 위해서가 아니라, 더 단단히 다시 설 수 있기 위해서다. 지금 시작해도 늦지 않다. 중요한 건 방향을 바꾸는 용기 그리고 멈추지 않는 마음이다. 삶의 방향은 바깥이 아닌 내 안에서 시작된다. 실패의 시간은 다시 나아가기 위한 숨 고르기일지도 모른다. 지금, 당신은 늦은 것이 아니라 더 단단해지는 중이다.

⊙ 지금, 마음 공부

"나는 정말 실패한 걸까? 아니면 아직 멈추지 않은 걸까?"

남들과 비교하지 말고 지금까지 버텨온 나를 바라보자. 속도는 중요하지 않다. 당신만의 리듬으로 다시 걷는 것. 그게 곧 미래를 다시 여는 일이다. 조금 느려도 괜찮다. 길은 걸어가는 이에게만 다시 모습을 드러내기 시작하니까.

하고 싶은 일도,
좋아하는 일도 모르겠을 때

마음의 병 ㊺

아침에 일어나도 할 일이 없다. 아니, '해야 할 건 많은데 하고 싶은 게 없다'는 게 더 정확하다. 친구들은 각자의 길을 찾아가는데, 당신만 여전히 제자리. 무엇을 좋아하는지도, 어디로 가야 할지도 모르겠다는 마음. 그 막막함이 때론 두려움이 되기도 한다. 뭘 좋아하는지도, 어디에 재능이 있는지도 확신이 없다. 이 마음, 무척 낯설고 공허하다. 그렇지만 이 '모르겠다'는 상태가 진짜 당신을 만나기 위한 중요한 시작일 수 있다. 환오 스님은 이렇게 말했다.

"대답은 이미 그 물음 속에 있다."

지금 당신은, 마음 깊은 곳 어딘가에 숨어 있던 답을 꺼내려는 중이다.

⊙ '좋아지는 감정'을 기다리는 중이라는 것

"자기 마음을 잘 살피는 사람은, 길 잃지 않고 올바른 길을 걷는다."

불교에서는 어떤 것도 억지로 움켜쥐지 않고 자연스럽게 흐름을 따라 머무는 태도를 가르친다. 지금 필요한 건 조급함이 아니라, "내 마음이 어디에서 오래 머무는지"를 살펴보는 일이다. 좋아하는 것을 찾으려 애쓰기보단 작은 감정의 반응을 지켜보는 것. 우연히 끌리는 장면, 잠깐이지만 마음이 반응했던 순간들. 그곳에 분명 실마리가 있을 것이다. 하고 싶은 일을 지금 당장 알지 못해도 괜찮다. 모른다는 건 아직 가능성이 열려 있다는 뜻이다. '모르겠다'는 말에서부터 인생의 진짜 여정이 시작되기도 하니까. 부처는 이렇게 말했다.

"무엇이 진실한가를 묻고 찾으며, 그는 마침내 그 길을 깨닫는다."

하고 싶은 일이 아직 보이지 않는다고 해서 당신이 아무것도 아닌 존재라고 생각해선 안 된다. 지금 당신은, 그저 삶의 진짜 목소리에 귀 기울이는 중일 뿐이다. 답은 어느 날 문득, 아주 사소한 순간 속에서 슬며시 모습을 드러낼 것이다. 그러니 너무 서두르지도,

조급해하지도 말고 자신을 믿어보자.

⊙ 지금, 마음 공부

"내가 진짜 하고 싶은 건 뭘까? 혹은 나는 무엇을 할 때 마음이 조금이라도 움직였을까?"

진짜 방향은 마음이 가리키는 쪽에 있다. 그 마음은 뭔가 대단한 계기보다, 아무 생각 없이 걷는 평범한 하루 속에서 문득 고개를 든다. 즉, 좋아하는 일은 멀리 있지 않다. 산책 중 괜히 발길이 머문 장소, 우연히 끌려서 눌러본 영상, 다시 듣게 된 옛 노래처럼. 그런 순간들이 감정을 흔들 때, 우리는 조금씩 방향을 알아차리게 된다. 좋아하는 일을 애써 찾지 않아도 괜찮다. 감정이 스칠 수 있도록 나를 느슨하게 열어두는 것. 그게 진짜 시작일지도 모른다.

이직

마음의 병 ㊻

 지금 다니는 회사에 큰 불만은 없다. 하지만 일에 대한 열정은 예전만 못하다. 새로운 곳에 도전해 보고 싶다가도, 지금 자리를 놓치고 싶지 않아 망설여진다. 익숙함에 안주하는 걸까, 아니면 무모한 선택을 하려는 걸까. 스스로도 마음을 알 수 없어 더 혼란스럽다.

마음의 약 ㊻

⊙ 이직은 선택이 아니라 방향의 질문

"자신이 자기의 주인이다. 누가 다른 사람을 주인으로 삼겠는가?"

이직을 고민할 땐, 결심보다 질문이 먼저다.

"나는 왜 이직을 고민하고 있을까?"

불교에서는 이렇게 바라본다. 괴로움을 피하려 하기보다, 그 괴로움의 '원인'을 먼저 보라고. 지금 당신이 느끼는 갈증이 단지 지겨움 때문인지, 아니면 새로운 성장을 향한 신호인지 차분히 들여다보는 것. 부처는 그걸 '사성제'라 불렀다. 삶에는 괴로움이 있고(苦), 그 괴로움에는 원인이 있으며(集), 그 원인을 알면 멈출 수 있고(滅), 그 멈춤에는 길이 있다(道). 단지 감정에 흔들려 떠나는 게 아니라, 내면의 확신에서 나오는 선택이라면 그건 의미 있는 변화다.

"자신을 잘 다스리는 사람은 어려운 주인을 얻은 것이다."

그 어떤 정답보다 중요한 건 지금의 선택이 당신 자신을 지키고 있는가이다.

⊙ 지금, 마음 공부

"나는 지금 떠나려는가, 아니면 도망치려는가?"

3장. 욕망이 만든 덫

이직은 때로 방향을 묻는 자기 자신과의 대화다. 그 변화가 두려움이 아닌 진심에서 왔다면, 그 길은 결국, 당신을 더 당신답게 만들 것이다.

사주가 안 좋다는 말에
불안해질 때

마음의 병 ㊼

 사주가 나쁘다는 말을 들으면 괜히 마음이 무거워진다. 어쩌면 내 삶은 이미 결정된 것이 아닐까, 뭘 해도 안 될 것 같고 앞으로가 더 막막하게 느껴진다. 그런 말이 자꾸 머릿속에 맴돌다 보면, 아직 일어나지 않은 일에도 미리 지치게 된다. 운명이 당신을 이미 정해버린 것 같고. 그렇다면, 그저 따라가는 수 밖에 없는 걸까.

⊙ 운명을 대하는 지혜

"너 자신을 정화하라. 남이 너를 정화해 줄 수 없다. 스스로를 잘 다스린 자만이 진정한 주인이 된다."

불교에서는 인생을 '정해진 길'로 보지 않는다. 삶은 매 순간의 선택과 실천으로 다시 써 내려갈 수 있는 과정이다. 사주는 날씨 예보와 같다. 비가 올 수도 있지만, 그때 우산을 준비하느냐에 따라 결과는 달라진다. 중요한 건 타고난 운이 아니라, 그것을 어떻게 마주하고 살아가는가다.

사주에서 조심할 점이 있다면, 그에 맞는 삶의 태도를 더하는 것이다. 재물운이 약하다는 말엔 재정을 더 신중히 살피고, 인연운이 부족하다는 말엔 사람을 더 진심으로 대하는 것. 그렇게 사주는 사주로서 참고일 뿐, 삶의 전부가 아님을 잊지 말아야 한다.

⊙ 지금, 마음 공부

"나는 지금, 운명을 믿고 있는가? 아니면, 내 삶을 살아가고 있는가?"

운명은 이미 태어날 때부터 정해진 것으로 볼 수도 있지만, 고정된 것이라고 단정 지을 수는 없다. 좋은 사주가 인생을 보장해 주지 않고, 나쁜 사주가 불행을 결정짓지 않는다. 결국 삶을 바꾸는 건 '지금 이 자리에서 어떻게 살아가느냐'이다. 불안이 스며드는 순간에도 자신에게 이렇게 물어보자.

"지금부터 나는 어떻게 살아갈 것인가?"

그 물음에 답하려는 당신의 마음이, 이미 새로운 운명을 만들어 가고 있음을 기억하자.

성공의 기준이란

마음의 병 ㊽

주변을 보면 다들 제자리를 찾은 듯하다. 좋은 직장, 안정된 수입, 멋진 집과 차, 결혼과 자녀까지. 그런데 나는 그들과는 다른 세계에 있는 것 같다. 자꾸만 뒤처지는 기분이 들고, 지금까지 내가 뭘 이뤘는지도 모르겠다. 성공이라는 단어 앞에서 마음이 작아진다. 도대체 성공이란 무엇일까.

마음의 약 ㊽

⊙ 삶에서 지켜야 할 진짜 가치

"건강은 최고의 선물, 만족은 최고의 재물이다. 믿음은 최고의 벗, 열반은 최고의 행복이다."

성공을 외적인 조건으로만 판단하면, 삶은 늘 부족하고 불안해질 수 있다. 좋은 회사, 높은 연봉, 안정된 생활. 그 모든 걸 갖췄다고 해도, 정작 마음은 공허할 수 있다.

한 사람이 있었다. 겉으로는 누구보다 '성공한 삶'을 살아가는 듯했지만, 반복되는 일상 속에서 자신을 잃고 웃는 법도 잊어버린 채 지내고 있었다. 그러다 오랜 친구를 만났는데, 가진 건 많지 않아도 자신이 좋아하는 일을 하며 소박하게 살아가는 그 친구는 하루하루를 기쁘게 살아가고 있었다.

"내가 하고 싶은 일을 하니까, 그냥 매일 행복해."

그 말은 이렇게 묻고 있었다.

"지금 당신은, 당신이 원하는 삶을 살고 있는가?"

부처는 이렇게 말했다.

"건강을 이익이라 여기고, 만족을 재산으로 삼으며, 믿음을 벗으로 두고, 평화를 최고의 행복이라 여기는 것이다."

3장. 욕망이 만든 덫

성공은 남보다 앞서는 것에 기준이 맞춰서 있는 것이 아니라, 스스로를 지켜가며 살아가는 데 있다. 겉으로 드러나는 성취보다 중요한 건 '나는 지금, 어떤 마음으로 이 삶을 살아내고 있는가'이다.

⊙ 지금, 마음 공부

"나는 정말 어떤 삶을 바라고 있는가?"

성공은 정해진 기준을 따르는 것이 아니라, 끝까지 지키고 싶은 가치를 따라가는 과정이다. 비교는 마음을 흔들고, 소유는 욕망을 자극하지만, 자신이 진심으로 원하는 방향을 향해 사는 삶은 흔들림 없이 깊어진다. 지금 당신이 던지고 있는 이 질문,

"성공이란 무엇인가?"

그 물음이야말로 당신의 삶이 이제 막 또 한 걸음 성장하려는 신호일지 모른다.

부모님과의 관계가
힘들 때

마음의 병 ㊾

 가족인데도 마음이 편하지 않다. 오히려 자꾸 상처받고 지친다. 남들 집은 다들 화목해 보이기만 하는데, 왜 우리 집만 이런지 모르겠다. 부모님과의 대화는 늘 어긋나고, 감정은 쌓여간다. 가족인데도 이렇게 느껴도 되는 걸까. 죄책감과 외로움이 함께 밀려올 땐 어떻게 해야 할까.

⊙ 가장 가까운 관계에서 배우는 마음의 거리

"자신을 사랑하거든, 자신을 잘 지켜야 한다. 인생의 삼 분의 이는 자기를 통해 이루어진다."

가족 관계가 늘 따뜻하고 화목할 수만은 없다. 오히려 가장 가까운 관계에서 가장 깊은 상처를 겪기도 한다. 불교에서는 가족 역시 하나의 수행처라고 본다. 마음이 자주 흔들리는 자리이기에, 그 안에서 자신의 마음을 들여다보고 지키는 연습이 가능하기 때문이다.

"진짜 수행은 산속이 아니라 일상 안에 있다."

가족 안에서 생기는 갈등도 그 일부다. 한 사람의 이야기가 있다. 어릴 적부터 부모님의 간섭과 잔소리에 지쳐 있던 그는 점점 마음의 문을 닫았고, 대화조차 피하게 되었다. 그러다 우연히 이런 말을 접하게 된다.

"사람은 각자의 방식으로 사랑을 표현한다. 하지만 우리는 그 사랑을 이해하지 못할 때, 그것을 미움으로 바꿔버린다."

그는 처음으로 스스로에게 물었다.

"정말 부모님이 나를 싫어해서 그런 걸까? 아니면 사랑을 서툴게 표현한 걸까?"

그 질문을 시작으로 조금씩 마음의 거리를 다시 조정했고, 관계가 완전히 달라지진 않았지만, 원망은 가라앉기 시작했다. 불교에서는 우리에게 이해나 용서를 강요하지 않는다. 대신 이렇게 묻는다.

"그 관계 안에서, 나는 나를 해치지 않고 살고 있는가?"

부모와 자식은 서로 완벽할 수 없다. 그렇기에 때로는 거리가 관계를 지키는 힘이 되기도 한다. 이해할 수 없더라도 받아들일 수 있는 마음, 그것이 진짜 단단함이다. 가족이라는 이름 안에서도, 나답게 살아갈 수 있어야 한다.

⊙ 지금, 마음 공부

"나는 지금, 그 관계 안에서 나를 지키고 있는가?"

가족이라고 해서 모든 것을 참아야 하고, 이해해 줘야 한다는 건 불공평하다. 진짜 중요한 것은 그 관계 안에서도 내가 나를 소홀히 하지 않는 일이다. 스스로를 지킬 줄 아는 사람이, 비로소 타인에게도 진심을 다할 수 있다. 지금은 나를 먼저 돌봐야 할 때다. 그게 바로 자신을 사랑하는 첫걸음이다.

진짜 하고 싶은 일을
포기하는 마음

마음의 병 ㊿

 하고 싶은 일이 있었다. 어린 시절에는 꿈이라고 불렀고, 조금 더 자라서는 목표라고 불렀다. 하지만 지금은 그냥, '그땐 그랬지'하고 넘기는 기억이 되어버렸다. 현실은 언제나 빠르게 다가왔고, 타협은 습관이 되었다. 그래서 문득 이런 생각이 든다.
 '나는 내 인생을 살고 있는 걸까? 아니면, 그저 살아내고만 있는 걸까?'

마음의 약 ㊿

⊙ 포기는 때로, 진심을 묻는다

"자기 자신에게 진실하라. 진실은 나아가야 할 길을 스스로 밝히리라."

불교에서는 욕망을 없애는 것을 말하지 않는다. 오히려 바른 욕망, 올바른 동기를 찾으라고 한다. 누구나 삶에서 타협을 해야 할 때가 있다. 하지만 그 타협이 스스로의 중심을 잃게 만든다면, 그건 잠시의 쉼이 아니라 자기 자신에 대한 배반이 된다.

꿈을 접었다고 해서 그 마음까지 사라지는 건 아니다. 살아가는 동안, 문득 어떤 장면 앞에서 무엇이 되지 못한 당신, 하지 못한 일, 시작조차 못한 마음이 다시 고개를 든다. 그럴 때 필요한 것은 거창한 결심이 아닌, 그저 하루에 한 줄, 한 걸음이라도 스스로에게 솔직해지는 용기다. 부처는 이렇게 물었다.

"너는 누구의 삶을 살고 있는가?"

그 질문 앞에 멈춰 선 순간, 비로소 진짜 당신을 마주하고, 진짜 당신이 걸어야 할 길이 보이기 시작할 것이다.

⊙ 지금, 마음 공부

"내가 포기한 건, 정말 불가능했기 때문일까? 아니

면 두려웠기 때문일까?"

지금의 삶이 모든 걸 잃지 않기 위해 꾸려온 안전한 외피라면, 그 안의 당신은 지금 어떤 표정을 짓고 있을까? 한 걸음 늦게 가더라도, 돌아가더라도, 당신 마음이 향하는 방향을 외면하지 말자. 삶의 속도보다 더 중요한 건 방향이니까.

성공에 대한 강박

마음의 병 (51)

무엇이든 이뤄야만 의미가 있다고 믿었다. 스펙, 연봉, 커리어, 목표 달성률. 남보다 뒤처지면 실패인 것 같고, 멈추는 순간 무가치해지는 기분이 든다. '나는 이 정도는 돼야 해'라는 생각이 끊임없이 나를 몰아세운다. 성공은 좋은 거니까, 나쁜 게 아닌데 왜 자꾸 내 마음은 다치고, 자존감은 더 작아지는 걸까.

⊙ 이룬 것보다 중요한 것

"천 가지를 얻더라도 만족을 모르면 괴로움은 사라지지 않는다."

불교에서는 외적 성공을 부정하지 않는다. 하지만 그것이 곧 존재의 의미가 되어서는 안 된다고 말한다. 진짜 중요한 건, 성공이 아니라 만족이다.

부처는 '갈애(渴愛)'라는 개념을 통해, 성취를 향한 끝없는 욕망이 결국 괴로움의 뿌리가 된다고 가르친다. 갈애는 욕망이 아니라, 존재를 증명받기 위한 갈망을 뜻한다. 문제는 이 갈망이 충족되어도 다시 새로운 형태로 되살아난다는 것이다. 성공은 잠시의 기쁨을 줄 수 있지만, 그 기쁨이 '내가 괜찮은 사람'이라는 안도감으로 이어지지 않는다면, 마음은 계속 허기진다. 부처는 이렇게 말했다.

"만족할 줄 아는 사람은 진정한 부자이며, 자신과 화해한 사람은 어떤 상황에서도 평온하다."

성공은 성과가 아니라 자기와의 화해에서 시작된다. 성취가 아니라, 스스로를 받아들이는 그 마음에서 진짜 자유가 자란다.

⊙ 지금, 마음 공부

"내가 바라는 건 '남보다 앞서는 삶'인가, '내가 괜찮다고 느껴지는 삶'인가?"

무언가를 이루기 전에도, 당신은 이미 소중한 존재다. 그 사실을 자꾸 잊어버릴 뿐이다. 당신이 당신을 온전하게 받아들이는 순간, 그 자체로 이미 충분하다.

평범함에 대한
불안

마음의 병 ㉒

 나는 특별하지 않다. 특별해야만 의미 있는 존재 같고, 어디에서도 돋보이지 않으면 '살아남지 못할 것' 같은 기분이 든다. 평범한 일상, 평범한 재능, 평범한 외모. 사소한 것들로 꽉 찬 나의 하루가 어쩐지 초라하게 느껴질 때가 있다. 왜 평범하다는 건, 불안한 일처럼 느껴지는 걸까.

마음의 약 ㉒

⊙ 평범함 속의 빛

"하찮은 풀잎에도 달은 비친다."

세상은 늘 '특별함'을 요구한다. 돋보이고, 눈에 띄고, 누군가의 주목을 받을 때만 비로소 '가치 있고 의미 있는 사람'처럼 여겨진다. 그래서 우리는 흔히 '평범하다'는 이유만으로 불안을 느끼곤 한다. 하지만 부처는 이렇게 말했다.

"진짜 충만함은 있는 그대로의 나를 인정하는 데서 자란다."

연꽃은 진흙에서 피어난다. 뿌리는 탁하지만 꽃은 맑다. 마찬가지로, 우리의 일상도 평범해 보이지만 그 안에 고요하고 투명한 빛이 깃들어 있다. 따뜻한 말 한마디, 정성스레 쓴 하루치 일기, 한 사람의 마음을 진심을 다해 듣는 시간. 그 모든 순간은 작지만 분명한 빛이다.

어느 날, 한 사람이 이런 문장을 접했다.

"작은 촛불 하나가 어둠 전체를 바꾼다."

그는 더 이상 특별해지기 위해 애쓰는 삶을 멈추고, 매일을 진심으로 살아내는 길을 택했다. 그리고 그 촛불은 멀리 있는 거창한 꿈이 아니라 지금 내가 선택하는 평범한 하루라는 사실을 깨닫게 되었다. 그러자 그 속에서 그는 알게 되었다. 눈부신 조명이 아니어도, 조용한 등불처럼 세상을 비출 수 있다는 것을. 그리고 그 빛은 다름 아닌 자기 자신이었다는 것을.

⊙ 지금, 마음 공부

"나는 왜 특별해야만 한다고 믿었을까? 지금의 나로도 괜찮다고, 한 번이라도 진심으로 말해본 적이 있었을까?"

세상이 정한 기준이 아니라, 당신이 살아가는 방식으로 당신의 가치를 다시 써보자. 가장 오래가는 빛은, 멀리 있는 별빛이 아니라 매일 밤, 당신의 방을 비추는 작은 스탠드일지도 모르니까.

진정한 강함이란
무엇인가

마음의 병 ㊿

　세상은 강한 사람을 좋아한다. 밀리지 않는 사람, 말 잘하는 사람, 앞서 나가는 사람. 밀리지 않는 사람, 말 잘하는 사람, 앞서 나가는 사람. 그래서 우리는 때로 단호해지려 하고, 이기려고 애쓴다. 하지만 그럴수록 마음은 더 예민해지고, 상대의 말 한마디에도 상처받는다.

　누군가 나를 얕보는 것 같을 때, 멍청하다고 비난할 때, 도움이 안 된다며 밀어낼 때, 그 모든 말에 흔들리지 않는 사람은 과연 어떤 사람일까? 진짜 강하다는 건, 감정을 무시하는 게 아니라 상대의 공격 앞에서도 내 마음의 중심을 지키는 것이 아닐까.

마음의 약 ㊽

⊙ 흔들리지 않는 마음이 강한 사람이다

"차분하게 대응하는 사람은 강력한 군대와 같은 힘을 지닌 지혜로운 이다."

불교에서는 이렇게 바라본다.
"진짜 강함은 '힘'이 아니라 '평정'이다."
화를 내지 않아도, 목소리를 높이지 않아도 오히려 조용한 사람 안에서 더 큰 힘이 자란다. 부처는 분별심 없이 대응하는 태도, 즉 평상심(平常心)을 최고의 수행으로 보았다. 비난 앞에서도 마음을 어지럽히지 않고, 억울함 속에서도 조용히 중심을 잡는 사람. 그는 결코 약한 사람이 아닌, 오히려 세상에서 가장 다루기 어려운 '자기 마음'을 이긴 사람이다.

⊙ 지금, 마음 공부

억울한 말을 듣고도 조용히 웃을 수 있는 사람. 화내지 않고 단호할 수 있는 사람. 그런 사람은 이미 마음속에 단단한 자리를 하나 만든 것이다. 진짜 강함은 '밀어붙이는 힘'이 아니라 '흔들리지 않는 마음'이다. 그러니 당신도 지금 그 연습을 시작할 수 있다.

나를 이기는 싸움

마음의 병 ㊴

타인과의 싸움보다 더 어려운 건, 내 안에 있는 나와 싸우는 일이다. 화를 참는 게 어렵고, 부정적인 생각이 멈추질 않는다. 진심으로 돕고 싶다가도, 문득 계산이 앞선다. 진실을 말해야 하는데, 어쩌다 입에 익은 거짓이 먼저 튀어나오기도 한다.

사람들은 겉으로 착하게 살아가지만 속으로는 늘 자신과 싸운다.

'이건 말해도 될까', '이런 마음을 품으면 안 되지', '또 참지 못했어…' 내면의 끊임없는 갈등 속에서 나는 어떻게 나를 이겨야 할까?

⊙ 무기를 바꾸면 싸움이 달라진다

"화내지 않는 것을 무기로 하여 마음속의 '화'를 이기고, 긍정적인 마음을 무기로 하여 부정적인 마음을 이겨라."

"싸움의 방식이 바뀌어야, 진짜 평화가 시작된다."
부처가 말했다. 이는 당신 안의 부정과 싸울 때, 억누르거나 억지로 참는 것이 아니라 더 나은 마음의 상태로 당신을 이겨야 한다는 것이다. 화를 없애려 하지 말고, 화내지 않는 태도를 반복해보자. 나눌 수 없는 마음을 책망하지 말고, 나누려는 작은 행동 하나를 무기로 써보자. 진심은 위선보다 더 오래 간다. 자신을 이긴다는 건, 결국 '어떤 마음을 선택할 것인가'의 싸움이다.

⊙ 지금, 마음 공부

당신 안에는 언제나 두 개의 목소리가 있다. 더 밝은 쪽과 더 어두운 쪽. 하지만 어떤 목소리를 따르느냐는 결국 '선택'의 문제다. 그 선택을 매일 훈련하는 것. 그것이 부처가 말한 '수행'이다. 오늘 하루, 당신은 어떤 마음을 무기로 선택하겠는가?

4장

나를 무너뜨리는 내 안의 적

내 것과 네 것을 너무 따질 때

마음의 병 (55)

"그건 원래 내 생각이었어."

"그 아이디어는 분명히 내가 먼저 말했잖아."

"내가 한 말을 왜 너의 말처럼 하지?"

살다 보면 이런 말들이 내 마음속에서 올라오기도 한다. 무언가를 '누구의 것'으로 구분하기 시작하면, 사람도, 말도, 행동도 전부 경쟁의 대상이 되어버린다. 처음에는 정당함을 주장하기 위해 시작했지만, 점점 마음은 조급해지고, 관계는 삐걱거리기 시작한다. 서로의 생각과 마음이 자연스럽게 오가는 일이 어느 순간부터는 '소유의 문제'로 바뀌어버린다. 왜 이렇게까지 '내 것'을 강조해야 하는 걸까. 혹시 우리가 잃고 있는 건, 진짜 중요한 것일지도 모른다.

⊙ 마음은 소유가 아니라 흐름이다

"내 것과 네 것을 분별하지 않는 마음은 세상을 고요히 받아들이는 그릇과 같다."

불교에서는 이렇게 바라본다.

"소유에 집착할수록 마음은 좁아지고, 분별을 내려놓을수록 마음은 자유로워진다."

즉, '누구의 것인가'를 따지기 시작하는 순간 당신은 마음의 중심을 소유가 아닌 통제로 옮기게 된다는 것이다. 하지만 생각과 마음은 본래 '흐름'이다. 당신의 생각이 누군가에게 영향을 주고, 타인의 말이 당신 안에 씨앗처럼 자란다. 그 모든 흐름은 경계가 아니라 연결 속에서 의미를 갖는다. 내 것과 네 것을 집착 없이 바라보면, 그 순간 당신은 조금 더 평온하고 넉넉해질 수 있다.

⊙ 지금, 마음 공부

소유하지 않아도 충만한 것이 있다. 그것은 마음에서 자유롭게 오가는 선의와 구분하지 않는 나눔이다. 당신이 꼭 가져야 하는 것이 아니라면 그건 누구의 것이든 이미 충분하다. 당신 마음이 편하다면, 그걸로 족하다.

좋은 일에도 보상이
필요하다고 느낄 때

마음의 병 ㊾

좋은 일을 했다. 양보도 했고, 정리도 했고, 도와주기도 했다. 그런데 어느 순간 이런 생각이 든다.

"내가 이런다고 뭐가 돌아오긴 하나?"

"아무도 알아주지도 않는다, 뭐하러 했지?"

그러고 나면 괜히 허무하고, 심지어 속이 상하기도 한다. 나의 선함이 '손해 보는 일'처럼 느껴지는 순간, 마음이 작아진다. 그래서 점점 계산하게 되고, 내 행동의 기준이 '나에게 돌아온 이득'으로 바뀌어간다. '선한 일'을 했는데, 왜 마음이 이렇게 쓸쓸해지는 걸까?

마음의 약 �56

◉ **보상이 없는 선은 결국 나를 살린다**

"선한 마음은 물처럼 흐른다. 그 물은 마침내 나의 마음밭을 적신다."

불교에서는 업(業)이라는 개념이 있다. 이는 행동과 마음이 만든 원인이 결국 다시 나에게 돌아온다는 법칙을 뜻한다. 하지만 그 업은 즉각적인 보상으로 나타나지 않는다. 오히려 가장 순수한 업은 기대 없이 쌓인 선의일 때 가장 깊은 과보를 맺는다.

화장실에서 휴지를 정리해두는 작은 행동, 공용 공간을 깨끗하게 쓰는 습관, 그 누구도 보지 않아도 그건 결국 당신 마음속에 선함의 물방울로 쌓인다. 그 물은 언젠가 마음의 가뭄을 채우고 당신 삶의 온기를 지키는 힘이 된다.

◉ **지금, 마음 공부**

누가 보든 안 보든, 선한 행동은 이미 당신 안에 흔적을 남긴다. 그건 '착한 사람'이 되기 위한 수단이 아니라 마음의 생태계를 지키는 방식이다. 기대 없이 했던 선의가 마지막에 당신을 지켜주는 유일한 이유가 될 수 있다. 그러니 선한 마음을 너무 가볍게 보지 말자. 그건 보이지 않는 복의 씨앗이다.

말하지 말걸, 하지 말걸,
생각하지 말걸

마음의 병 ㊼

혼자 있을 때, 가끔 떠오르는 후회의 말들.
"그땐 그냥 가만히 있을걸"
"괜히 그런 말 해서 더 꼬였어."
"왜 그런 생각을 붙잡고 있었을까…"

이미 지나간 일이지만, 그 말 한마디, 그 행동 하나, 그 생각 하나가 마치 마음속에서 되감기 버튼을 누르듯 나를 괴롭히기 시작한다. 누구를 향해 한 말이든, 누구를 탓하며 품은 생각이든, 결국 가장 오래 기억하고, 가장 깊이 다치는 사람은 '나 자신'이다. 입 밖으로 나가기 전에는 가벼워 보였지만 되돌릴 수 없게 된 순간, 그 무게는 상상을 초월하기 때문이다.

마음의 약 (57)

⊙ 하지 않아도 되는 말은 침묵이 이긴다

"몸과 말과 마음의 세 가지 문을 깨끗하게 하라. 그 모든 것은 곧 업이 되어 돌아온다."

불교에서는 인간의 삶을 세 가지 업(業)으로 설명한다. 행동의 업, 말의 업, 마음의 업. 무심코 한 행동, 습관처럼 내뱉은 말, 지속해서 반복하는 부정적인 생각. 이들은 모두 마음에 씨앗을 남기고, 언젠가 그 열매를 자기 자신이 직접 받게 된다.

그래서 부처는 부정의 싹이 날 때는 말하지 말고, 행동하지 말고, 심지어 생각조차 머물지 않게 하라고 가르쳤다. 반대로, 좋은 생각이 떠오를 때는 작아도 좋으니 당장 실천하라고.

이 가르침은 당신을 살리고 세상에 조용한 울림을 남기기 때문이다.

⊙ 지금, 마음 공부

당신이 뱉은 말이, 당신이 내민 손이, 당신이 붙든 생각이 결국 당신을 만든다. 입을 열기 전, 마음을 다치기 전에 한 번 더 자신에게 물어보자.

"지금 이 마음이, 나에게도 이로울까?"

말하지 않아도 괜찮은 말, 하지 않아도 괜찮은 행

동, 머물지 않아도 괜찮은 생각은 그냥 흘려보내는 것이 당신을 지킬 수 있는 지혜다.

가까이 있지만,
멀어져야 할 사람

마음의 병 ㉘

 사람은 혼자 살 수 없기에 관계를 맺고 의지한다. 하지만 모든 인연이 마음을 살찌우는 건 아니다. 어떤 이는 주기보단 받기만 하며, 필요할 때만 다가와 요구를 쏟아낸다. 말은 따뜻해도 속은 계산으로 가득하다. 지금 내가 어떤 상황인지, 감정은 어떤지, 그에게는 중요하지 않다. 그저 '이 친구라면 들어주겠지'라는 기대와 계산만이 있을 뿐이다. 나는 거절이 두려워 애써 돕지만, 마음은 점점 무거워지고 속으로만 묻는다.

 "나는 왜 이렇게까지 해야 하지?"

마음의 약 ㉘

⊙ 진짜 인연은 마음을 가볍게 한다

"그대는 악한 벗을 멀리하고 선한 벗을 가까이하라. 벗을 잘 고르는 이는 자신을 잘 돌보는 이다."

진짜 벗은 당신이 약해졌을 때, 계산 없이 옆에 있는 사람이다. 조금 덜 말하더라도, 조금 덜 도와주더라도 마음을 불편하게 하지 않는 사람. 그런 사람과의 인연이 당신의 삶을 단단하게 지켜준다.

불교에서는 관계를 복이 되기도 하고, 업(業)이 되기도 하는 인연으로 본다. 말은 친구인데, 행동은 거래일 때. 표정은 미소인데, 마음은 셈으로 가득할 때. 그런 관계는 오래갈수록 당신을 지치게 만든다.

진짜 친구는 무리한 요구를 하지 않고, 도움을 바라기 전에 당신의 마음을 먼저 살핀다. 조금 덜 말해도, 조금 덜 도와줘도 곁에 있으면 마음이 가벼워지는 사람. 그런 인연은 오래도록 당신의 삶을 지켜주는 울타리가 된다.

⊙ 지금, 마음 공부

지금 떠오르는 그 친구, 곁에 있을 때마다 내가 더 약해지고 있는 건 아닐까? 지금 떠오르는 그 친구, 곁에 있을 때마다 내가 더 약해지고 있는 건 아닐까? 누군가의 말이 자꾸 마음에 남는다면 한 걸음 물러서보자. 그 사람과 함께 있을 때 당신은 더 자유로운가, 아니면 더 지치는가? 관계는 거리보다 진심의 방향이 중요하다. 가깝다고 모두 좋은 인연은 아니다. 친구는 곁에 있다고 '좋은 사람'이 아니라, 당신의 마음을 지켜주는 사람이어야 한다. 더는 내 마음을 무겁게 만드는 인연에 나를 억지로 끼워 맞추지 말자. 진짜 인연은 가까워도 가볍고, 멀어져도 편안한 것이다.

누군가의 말이 자꾸 마음에 남는다면 한 걸음 물러서보자. 그 사람과 함께 있을 때 당신은 더 자유로운가, 아니면 더 지치는가? 관계는 거리보다 진심의 방향이 중요하다는 걸 기억하라.

말뿐인
친구의 무게

마음의 병 ㉟

"이번엔 못 도와줘서 미안해."
"사실 그땐 내가 너무 바빴거든."
"도와주고 싶었지만, 네가 좀 더 잘했어야지."

그는 언제나 사과했지만, 그 사과에는 늘 명변이 함께 있었다. 책임을 피하면서, 도움은 주지 않으면서, 나의 상황만 탓하면서, 늘 아쉬움을 말로 대신했다. 하지만 그 말들이 반복되자 나는 깨달았다. 그는 나를 안쓰러워했지만, 결코 책임지려 하지 않았다. 도움을 주기보다, 내 무너짐을 말로만 어루만졌다. 마음만 있으니 이해해달라는 말은 어쩌면 마음조차 없는 말일 수도 있지 않을까.

마음의 약 ㉙

⊙ 말보다 마음, 마음보다 행동

"말은 공허하다. 행동이 진실을 드러낸다."

진짜 마음은 눈물 섞인 말보다, 사과나 위로보다 작은 행동에서 드러난다. 수십 번의 사과보다, 단 한 번의 손 내밂이 더 깊은 울림을 주기 때문이다. 그저 안타까워하는 말은 결국 아무것도 바꾸지 못한다. 아무리 좋은 말을 해도 도움이 되지 않는다면 그건 그저 말뿐이다.

불교에서는 말보다 의도와 실행을 중요하게 여긴다. 작은 행동 하나라도 그게 진심이면 백 마디 말보다 더 크게 닿는다.

친구라는 말이 진짜 우정이 되려면, 말뿐이어서는 안 된다. 가끔은 말이 없더라도 묵묵히 곁에 있는 사람이 가장 큰 위로가 된다. 말을 잘하는 사람보다 행동으로 보여주는 사람을 가까이하라. 진짜 인연은 입이 아니라, 발걸음으로 다가오는 사람이다.

⊙ 지금, 마음 공부

친구의 말에 기대어 실망을 반복하고 있지는 않은가? 관계를 판단할 때, 말보다 행동의 무게를 보자. 그가 한 말보다, 그 말 이후에 당신이 느낀 감정이 더 중요하다. 도움은 크고 특별할 필요 없다. 작은 배려, 작은 시간, 작은 온기. 그걸 꾸준히 건네는 사람, 그리고 진심을 함께해주는 자가 진짜 친구다.

진심은 말이 아니라 행동으로 남는다. 그것이 마음을 가볍게 하고 관계를 단단하게 만들기 때문이다.

말 한 마디에
무너지는 마음

마음의 병 ⑥⓪

    누군가의 말 한 마디에 며칠씩 마음이 흔들린다. 아무 의도 없는 말에도 자존심이 상하고, 비판이 섞인 조언은 마음을 베어낸다.
    '왜 나한테 저런 말을 하지?', '내가 그렇게 부족한가?'
    끊임없는 해석과 상상이 당신을 더 아프게 만든다. 그래서 누군가는 말한다.
    "사람이 무서워졌어."
    하지만 정말 무서운 건 말이 아니라, 그 말에 휘청이는 당신의 마음일지도 모른다.

⊙ 상처가 아닌 성장으로 듣는 법

"지혜로운 이는 자신에게 불리한 말에서조차 배움을 찾는다."

불교에서는 모든 말을 이롭게 쓰라고 가르친다. 아픈 말조차도. 때로는 비판이 가장 정확한 거울이 된다. 귀에 거슬리는 말이더라도 그것이 당신을 더 나은 방향으로 이끈다면, 그건 상처가 아니라 '선물'이다. 자존심은 내려놓고, 진심만 걸러서 듣는 귀. 그건 약해지는 게 아니라 강해지는 연습임을 잊지 말자.

좋은 스승은 언제나, 반드시 지혜로운 말만 하지는 않는다. 그러나 지혜로운 사람은 어떤 말 속에서도 배울 줄 안다.

⊙ 지금, 마음 공부

당신이 들은 말, 그 말의 '내용'보다 '반응하는 당신의 마음'을 먼저 바라보자. 아픔은 상대가 준 것이 아니라, 당신이 받아들인 방식에서 시작된다. 상처받지 않으려면 무시하는 게 아니라, 뚜렷하게 보는 법부터 배워야 한다. 진짜 단단한 마음은 비판 앞에서 무너지지 않고, 그 안에서 당신을 더 단련시키는 힘이다.

말하지 않으면 터질 것 같고,
말하고 나면 후회되는 마음

마음의 병 ⑥1

친구에게 꼭 하고 싶은 말이 있다. 보고 있자니 답답하고, 속이 끓어오르고, 이건 꼭 알려줘야 한다고 생각했다.

"그래도 친구니까 솔직해야지."

하지만 그런 말들이 진심을 가장한 비수가 될 때가 있다. 내가 하고 싶은 말은 많지만, 그게 정말 '그 사람을 위한 말'인지를 생각해보면 머릿속이 복잡해진다. 내가 하고 나서 속이 후련해지는 말은, 대개 상대에겐 상처로 남는다는 것을 알지만, 말을 안 할수도 없는 상황에서 고민은 깊어만 간다.

마음의 약 ⑥

⊙ 말의 시계는 '지금'이 아니라, '마음이 정리된 후'

"참는 자가 모두 옳은 것은 아니다. 하지만 가장 지혜로운 자는 말의 때를 아는 사람이다."

비판이 필요한 순간이 있다. 하지만 그 말이 '화를 담은 말'인지 '도움을 담은 말'인지 먼저 살펴야 한다. 말에는 순서가 있다. 감정이 앞서면 칼처럼 베지만, 진심이 다듬어지면 따뜻한 거울이 된다. 그 사람을 위해 하는 말이라면, 지금 말하는 게 아니라 '전할 수 있을 때까지' 당신의 마음을 먼저 정리해야 한다.

친구가 고치기를 바란다면, 기다려라. 그리고 그 기다림이 충분해졌을 때, 부드럽게 말하라. 진짜 가까운 사이는 말하지 않는 사이가 아니라, '어떻게 말해야 상처받지 않을지'에 대해 고민하는 사이다.

⊙ 지금, 마음 공부

말을 꺼내기 전에 당신의 마음부터 살펴라.
'이 말을 하고 싶은 이유는 무엇인가?'
'지금 말하면, 상대는 어떤 기분일까?'
말은 한 번 뱉으면 돌이킬 수 없다. 상대가 아니라, 당신의 마음을 다스릴 때, 그 말은 관계를 해치지 않고 지혜로 남는다는 것을 기억하라.

믿었던 사람이
등을 돌릴 때

마음의 병 ㉖

 가장 가까웠던 사람이 돌아설 때, 마음에 남는 건 슬픔보다도 깊은 원망이다.
 "왜 그랬을까."
 "어떻게 나한테 그럴 수 있지?"
 믿음이 배신으로 돌아올 때, 우리는 감정을 붙들고 놓지 못한다. 함께했던 말들, 나눴던 시간들이 더 아프게 다가온다. 상대의 행동을 이해하려 애써보지만, 끝내는 상처만 더 깊어진다. 믿음은 줬던 사람에게 상처로 남고, 저버린 사람은 쉽게 등을 돌린다. 그 부조리가 너무 억울해서, 더 괴롭다.

⊙ 기대가 클수록 실망도 크다, 원망도 그렇다

"미워하지 않는 자는 다시 사랑할 수 있다."

사람은 누구나 불완전하다. 그런데도 우리는 관계 속에서 '완전한 믿음'을 꿈꾼다.

"이 사람은 나를 절대 배신하지 않을 거야."

"적어도 이 정도는 해줄 거야."

그렇게 '믿음'이라는 이름으로 사실은 '기대'를 심는다. 하지만 그 기대는 내가 만든 것이다. 상대는 한 번도 그것을 약속하지 않았을지 모른다. 그 기대가 충족되지 않을 때, 우리는 상처를 받고 시대가 크면 클수록 실망은 커지고, 그 실망은 곧 원망으로 번진다. "그럴 줄 몰랐어, 실망이야"라는 말 안에는 사실 "나는 그만큼 기대했어"라는 뜻이 숨어 있다.

불교에서는 관계의 고통을 집착에서 비롯된다고 말한다. 상대가 나를 어떻게 대했느냐보다 내가 그에게 얼마나 의지했고, 바랐는지를 돌아보라고 한다. 진짜 괴로움은 그 사람이 내게 한 행동보다 '그 사람은 이래야 한다'는 내 기준이 흔들릴 때 생기기 때문이다. 기대를 내려놓는 건 무관심이 아니라, 상대를 있는 그대로 바라보는 태도다. 그 고리를 끊는 순간, 비로소 마음은 편안해진다.

믿음을 저버린 상대보다 기대에 집착한 나를 먼저 돌아볼 수 있다면, 그 사람에 대한 미움도, 나에 대한 분노도 조금씩 흘러가게 된다.

⊙ 지금, 마음 공부

믿음을 주는 일은 소중하지만, 그 믿음이 언제나 같은 크기로 돌아오리라는 기대는 내려놓아도 좋다. 그가 변해서 아픈 게 아니라, 당신이 믿은 모습과 달라서 괴로운 것이기 때문이다. 그래서 상처보다 깊은 건, 기대가 무너진 자리에서 느끼는 허망함이다. 이제는 묻자.

"나는 그에게 무엇을 기대했는가?"

"그 기대는 내 안에서 시작된 것은 아니었는가?"

상대를 탓하기 전에 먼저 내 기대의 무게를 내려놓는 연습을 하자. 그것이 관계의 고리를 부드럽게 푸는 첫걸음이다. 그리고 기억하자. 기대가 적을수록 실망은 작고, 원망은 머물지 않는다. 당신의 평온은 상대가 아니라 당신의 마음이 어디에 닿아 있는가에 달려 있다는 것을.

되돌릴 수 없는
상황 앞에서의 후회

마음의 병 ⑥3

  한 순간의 말, 한 번의 선택. 그때는 몰랐지만, 지나고 나면 너무 분명해진다.
  "그때 그러지 말았어야 했는데."
  "그 말을 하지 말걸."
  되돌릴 수 없는 과거는 자꾸 현재의 나를 붙잡고 놓아주지 않는다. 이미 끝난 상황에 마음이 머물러 있으면, 현재도 미래도 함께 멈춘다. 과거를 돌이킬 수는 없지만, 그에 머물지 않는 법을 배우려면 어떻게 해야할까.

마음의 약 ⑥③

⊙ 지나간 일은 물 위에 떠 있는 그림자와 같다

"흘러간 강물은 다시 그 자리에 머물지 않는다."

지나간 일에 계속 마음을 머물게 하면, 현실을 사는 당신의 걸음이 멈추게 된다. 불교에서는 후회를 '마음의 그림자'라 부른다. 이미 끝난 일을 되풀이하며 탓하고 괴로워하는 마음은 마치 물 위에 비친 허상을 붙잡으려 애쓰는 것과 같다.

잡히지 않는 것을 쥐려 할수록 마음은 더 지치고, 현실은 더 흐릿해진다. 무엇보다 중요한 건, 그 당시의 당신도 최선을 다했다는 점이다. 그때의 당신이 미처 보지 못했던 것들이 지금 보이기 시작했다면, 그 후회는 괴로움이 아니라 성장으로 전환된 시간이다.

실수는 누구나 할 수 있지만 그 실수로부터 마음이 단단해졌다면, 그것은 실패가 아니라 배움이 남은 인생의 한 페이지다. 과거는 더는 바꿀 수 없지만, 그때를 기억하는 방식은 지금의 당신에게 달려 있다. 후회를 남기기보다, 지혜를 남기는 선택을 하자.

⊙ 지금, 마음 공부

과거는 정지된 것이 아니라, 배우기 위한 장면이다. 돌이킬 수 없는 상황이라도 거기서 무엇을 남길지는 당신에게 달렸다. 후회할 시간에 오늘을 살자. 오늘이 어제의 구원이 된다.

이건 정말
내가 잘못한 게 아닌데

마음의 병 ⑭

 분명히 나는 잘못한 게 없다. 그런데도 상황은 나를 탓하고, 사람들은 내 말을 믿지 않는다. 억울한 마음에 해명을 거듭하지만, 돌아오는 건 침묵과 의심뿐이다. 억울함은 설명해도 풀리지 않고, 시간이 지나도 사라지지 않는다. 그 감정은 점점 내 마음을 잠식해, 어느 순간부터는 "혹시 내가 정말 잘못했을지도 몰라"라는 자기 의심으로 바뀐다. 세상이 잘못했는데, 상처는 내가 받는다. 그게 억울함이라는 감정의 가장 잔인한 점이다.

⊙ 억울함을 품으면, 마음이 상한다

"세상은 늘 공평하지 않다. 그러니 너는 너에게 공평하라."

불교에서는 억울함도 결국 '마음의 방향'이라고 본다. 세상의 시선이 당신을 오해했을지라도, 당신까지 스스로를 의심할 필요는 없다. 그 억울함을 반복해서 되새길수록 그 감정의 찌꺼기가 마음속에 쌓인다. 억울한 일이 생겼다면, 그것이 '사실'인지 '자책'인지를 구분하라. 그리고 사실이라면 붙잡지 말고 흘려보내는 연습을 하라. 억울함을 품고 살면 결국 자신의 마음이 상한다. 당신은 이미 충분히 잘 버텼고, 충분히 억울했다. 이제 그 감정을 더 품지 않는 것이 당신을 지키는 방식이다.

⊙ 지금, 마음 공부

억울한 일을 겪었을 때, 세상이 당신의 편이 아니더라도 적어도 당신만큼은 당신의 편이 되어야 한다. 믿어주지 않는 사람 때문에 자신을 의심하지 마라. 억울함을 참고 넘기는 것이 아니라, 억울함 속에서 자신을 지켜내는 마음이 중요하다. 세상은 당신을 몰라줄 수 있어도, 당신만은 당신을 알아야 한다.

친구가 이상한 믿음에
빠져버렸을 때

마음의 병 ⑥⑤

오래 알고 지내던 친구가 어느 날부터 이상해졌다. 말끝마다 "너도 마음을 열어야 해", "여기 와봐. 네 삶이 바뀔 거야" 같은 이야기를 했다. 처음엔 장난처럼 넘겼지만, 점점 친구는 현실보다 믿음에 더 몰두했고, 예전의 따뜻함은 사라지고, 이해할 수 없는 말과 행동만 남았다. 나는 걱정했지만, 친구는 "넌 아직 깨닫지 못했을 뿐"이라며 외면했다. 대화가 단절되고, 마음은 점점 멀어졌다.

그를 돕고 싶은 마음과 도저히 닿지 않는 벽 앞에서 드는 무력감이 겹쳐졌다. 이제 나는 그 친구를 포기해야 하는 걸까, 기다려야 하는 걸까.

⊙ 진짜 믿음은 자유롭게 한다

"그대는 스스로를 등불 삼고, 진리를 등불 삼으라."

불교에서는 외부의 권위에 맹목적으로 기대지 않고, 스스로의 이성과 자각을 가장 높은 법이라 가르친다. 진짜 믿음은 마음을 자유롭게 하고, 다른 이의 생각과 방식도 존중할 수 있는 여백을 남긴다. 하지만 어떤 믿음은 그렇지 않다. 자신만이 진리를 가졌다고 말하고, 의심을 죄라 여기며, 모두가 같은 방식으로 구원받아야 한다고 강요한다. 이런 믿음은 결국 사람을 하나의 틀에 가두고, 그 틀 밖에 있는 모든 것을 위협으로 간주하게 만든다.

믿음이라는 이름으로 마음을 조종하고, 사랑이라는 말로 불안을 이용하고, 가르침이라는 외피로 판단과 혐오를 주입한다면, 그건 수행이 아니라 분명한 심리적 착취다. 불교에서는 이렇게 바라본다.

"모든 가르침은 강을 건너기 위한 뗏목일 뿐, 강을 건넌 뒤에는 그것마저도 버려야 한다."

믿음은 목적지가 아닌 도구여야 한다. 그 믿음이 당신을 더 온전한 존재로 만들어주지 않는다면, 지금 그 길을 다시 물어야 할 때다. 친구의 마음을 모두 붙잡을 수는 없을지도 모른다. 하지만 당신의 중심만은 언제나 자유롭고 깨어 있는 이성 위에 놓아야 한다. 그것이 흔들리는 사람 곁을 지키는 유일한 등불이 될 테니까.

⊙ 지금, 마음 공부

　누군가가 이상한 믿음에 빠졌을 때, 정답을 강요하거나, 억지로 끌어내리려 하기보다는 그를 지켜보되, 흔들리지 않는 마음과 자세가가 필요하다. 그 사람이 만든 세계에 함께 들어가는 것도, 그 세계를 통째로 부정하는 것도 오히려 단절을 키울 수 있다. 지금 내가 믿는 것, 내가 따르는 가치, 그 모든 것이 흔들릴 때마다 '무엇이 나를 자유롭게 하는가'를 물어야 한다. 믿음은 사람을 더 자비롭게 만들고, 더 넓은 마음으로 세상을 품게 한다. 하지만 그 믿음이 당신을 불안하게 하고, 세상을 두려움과 혐오의 눈으로 보게 만든다면 그건 깨달음이 아니라 맹목이다. 맹목은 가장 완고한 어둠이고, 진짜 믿음은 가장 부드러운 빛이다. 빛은 누구를 때리지 않으며, 누구도 밀어내지 않는다.

가족이 사이비 종교에
빠졌을 때

마음의 병 ⑥6

 가족이 달라졌다고 느낀 건, 대화가 '논리'가 아닌 '믿음'으로만 흘러가기 시작하면서였다. 처음엔 단순한 취미 같았다. 하지만 시간이 지나면서 그는 나보다, 일상보다 그곳의 가르침과 사람들을 더 우선시했다.

 대화는 통하지 않았다. "네가 몰라서 그래.", "깨달은 사람만 알 수 있어." 내 진심과 걱정은 모두 '방해'가 되었고, 나는 그의 마음이 아닌 신념과 싸우는 기분이었다. 한 지붕 아래 살지만 마음은 멀어져, 매일같이 묻는다. "이 관계를 포기하지 않으면서도, 나 자신을 지킬 방법은 없을까."

마음의 약 �66

⊙ 끝까지 함께하고 싶다면, 마음은 안으로 단단해야 한다

"말이 많으면 허물이 많고, 성냄이 많으면 지혜가 사라진다. 그러니 마음을 잘 다스리는 자가 끝내 모든 걸 이긴다."

불교에서는 이렇게 바라본다.

"어떤 이가 왜 그런 길을 택했는지를 단정하지 마라."

즉, 사이비에 빠진 사람을 무조건 '어리석다'고 판단하기 전에 그가 빠져든 심리적 허기와 결핍을 먼저 들여다보라고 한다. 어쩌면 그는 오랫동안 인정받고 싶었는지도 모른다. 무언가를 믿음으로써 위로받고 싶었고, 누군가에게 받아들여지고 싶었을 수 있다.

사이비는 바로 그 틈을 파고든다. 가짜 가르침으로 진짜 외로움을 채워준다. 문제가 있는 '신념'보다 더 근본적인 건, 그가 그 믿음을 통해 자신을 지켜내려 했다는 사실이다. 그래서 설득은 조심스러워야 한다. 논리로 밀어붙이면 그는 더 움츠러든다. 공격하면 더 깊이 숨어버린다. 그럴수록 당신의 중심은 더 단단하고 따뜻해야 한다.

분노나 혐오가 아닌 안정된 태도로 곁을 지키는 것,

4장. 나를 무너뜨리는 내 안의 적

그게 유일한 다리가 될 수 있다. 우리는 모두 다른 속도로 성장한다. 믿음의 이름으로 헤매는 사람을 단번에 끌어낼 수는 없어도 그가 다시 돌아올 자리를 지켜줄 수는 있다.

⊙ 지금, 마음 공부

가까운 사람일수록 그의 잘못된 사고방식과 믿음은 당신에게 더 큰 상처가 된다. 그런 그를 바라보며 지금 당신이 해야 할 일은 그를 무작정 끌어내는 일이 아니다. 그의 곁에서, 혹은 어느 정도의 거리에서 당신 스스로의 중심을 잃지 않는 것이다. 내가 지닌 믿음, 내가 지킨 가치, 내가 세상을 바라보는 방식 등, 그 모든 것들은 어떠한가? 가족이나 가까운 이들로 인해 혼란스러울 때일 수록 "이 사람이 어떠한 상태인가"가 아닌, "나는 지금 어떤 상태인가"를 먼저 돌아보자.

그들에게 당신의 말보다 더 오래 남는 건 당신의 지속된 신뢰와 무너지지 않는 태도. 언젠가 그들이 돌아보았을 때, 당신이 여전히 거기 있다는 것만으로 그들은 구원을 경험할 수 있기 때문이다. 믿음은 방향이고, 가족은 끝까지 붙잡고 싶은 이름이다. 그러니 단단하게, 그러나 조급하지 않게 마음의 자리를 지켜주자.

신앙이 다르다는 이유로,
가족이 멀어질 때

마음의 병 ⑰

 가족이 같은 믿음을 공유해야 한다는 기대 속에서 자랐다. 기도에 빠지면 눈치가 보였고, 모임에 참석하지 않으면 마음이 삐뚤어졌다는 말을 들었다. 처음엔 가족을 위한 일이라 여겼지만, 시간이 지날수록 그 믿음은 '신앙'이 아니라 '통제'처럼 느껴졌다. 내 생각과 가치관은 무시되었고, "언젠간 알게 돼", "신앙 없는 사람은 길을 잃는다."는 말에 점점 입을 닫았다. 가장 편해야 할 가족 앞에서 가장 많이 숨는 나를 발견했고, 내가 선택한 다른 믿음은 늘 틀린 선택으로 여겨졌다.
 이제는 명절에도 집이 부담스럽다. 종교 이야기에 얼굴이 굳고, 식사 자리마저 무거워진다. 가족이라는 이유만으로 같은 믿음까지 강요받는 건 얼마나 고된 일인가.

마음의 약 ⑥⑦

⊙ 진짜 믿음은 다름을 품는 일에서 시작된다

"다름을 탓하지 말고, 서로의 마음을 깊이 들여다보라. 모든 길은 다만 깨어남을 향해 있을 뿐이다."

불교에서는 이렇게 바라본다.
"각자의 삶은 각자의 인연(因緣)으로 결정된다."
그러니 신앙도, 수행도, 믿음의 형태도 모두가 같을 수 없다. 가족이라 하여 같은 길을 갈 이유는 없다. 다만 다른 길을 가더라도, 그 사람의 마음을 이해하고 존중하려는 태도. 그것이 진짜 신앙의 깊이다. 진정한 믿음은 누군가를 내 신념으로 끌어들이는 것이 아니라, 그가 자신의 길을 스스로 찾을 수 있도록 기다려 주는 것이다.

신을 믿는다고 말하면서도 자식의 선택을 무시한다면 그건 신앙이 아니라 교조주의다. 사랑의 이름으로 위협하고 구원의 이름으로 무엇인가를 강요한다면 그건 구원이 아니라 감정의 폭력이다. 불교에서는 다름을 품는 능력이야말로 수행의 가장 깊은 지점이라고 말한다. '옳음'보다 '자비'가 먼저이며, '설득'보다 '이해'가 앞선다.

믿음의 길은 달라도 인간의 고통은 다르지 않다. 그 고통을 어떻게 바라보고, 어떻게 함께하느냐가 진짜 수행이고, 진짜 사랑이다.

⊙ 지금, 마음 공부

신앙은 개인의 중심을 세우는 일이지만, 가족 안에서 그 중심이 상대의 존재를 무너뜨리는 도구가 되어선 안 된다. 믿음이 다르다는 이유로 멀어지고 있다면, 지금 필요한 건 '하나로 만들기'가 아니라 다름 속에서도 함께 설 수 있는 방법을 찾는 일이다. 누군가의 믿음을 인정하지 않으면서 내 믿음만 옳다고 말하는 건 신앙이 아니라 자존심이다. 불교에서는 이렇게 가르친다.

"말하지 말고, 살아내라."

당신의 삶에서 자비가 드러난다면 그 자체로 이미 가장 깊은 가르침이다. 당신이 믿는 길이 진짜라면 말로 설득하지 않아도, 당신의 태도에서 그 빛이 드러날 것이다.

믿었는데, 속았다

마음의 병 ⑱

 그 사람을 처음 만났을 땐 의심할 이유가 없었다. 정중했고, 다정했고, 말도 잘 통했다. "같이 잘되자"는 제안, "손해 보게 하지 않겠다"는 약속은 여러 번 확인하며 내 마음의 경계를 허물었다. 그리고 어느 날, 나는 돈과 믿음을 함께 맡겼다. 하지만 연락은 끊겼고, 약속은 사라졌다. 남은 건 빼앗긴 돈보다 깊게 패인 상처였다. 믿은 내가 바보 같다는 생각, 왜 더 조심하지 않았을까 하는 자책이 마음을 집어삼켰다. '앞으로는 누구도 믿지 말아야지'하는 다짐이 나를 더 외롭게 만들었다.

⊙ 믿음은 죄가 아니다

"모든 고통은 사라지는 성질을 지닌다."

불교에서는 속임을 당한 것을 인연으로 포장하지 않는다. 그 고통은 부당하며, 명확히 인식해야 할 괴로움이다. 다만, 그 괴로움 속에 영원히 자신을 가두지 말라는 것이 가르침이다.

당신이 잘못한 것은 없다. 믿었다는 건 죄가 아니다. 사기를 당한 것은 그 사람이 잘못한 것이지, 당신이 부족하거나 어리석어서가 아니다. 불교에서는 경계하되, 분노에 머물지 않는 마음을 강조한다. 그는 속였고, 당신은 속았다. 하지만 그 일로 당신의 본성까지 의심할 필요는 없다. 손해는 외부의 것이지만, 자기 믿음을 무너뜨리는 순간 마음의 주권도 함께 잃는다는 것을 기억하라.

⊙ 지금, 마음 공부

억울함과 분노는 자연스러운 것이다. 하지만 그 감정에 오래 머물수록 마음이 병드는 법이다. 잃은 것은 되찾지 못할 수 있지만, 자신을 믿는 힘은 다시 세울 수 있다. 그러니 앞으로의 다짐은 '다시는 아무도 믿지 않겠다'가 아니라, '더 단단한 눈으로 바라보겠다'여야 한다. 믿음은 죄가 아니며, 신뢰를 버리지 않는 것이야말로 당신이 다시 살아가는 힘이 된다.

믿었던 가족이 전한
충격적인 진실

마음의 병 ⑥⑨

 가족의 얼굴은 언제나 익숙했다. 그런데 성인이 된 어느 날, 한마디가 모든 것을 바꿨다.
 "사실 너에게는 말하지 못한 게 있어."
 그 순간, 친부모라 믿었던 이는 부모가 아니었고, 형제라 여긴 이도 같은 피가 아니었다. 지난 기억과 웃음, 믿음의 시간까지 흔들리며 속으로 묻는다.
 '그렇다면 그동안의 사랑은 거짓이었던 걸까?'
 진실은 오래전부터 있었지만, 알지 못한 채 쌓인 시간이 깊은 충격이 되었다. 믿음이 무너지는 순간, '나'라는 정체성까지 흔들린 나는 어떻게 해야 할까.

마음의 약 ㊻

⊙ 진실은 변하지만, 마음은 선택할 수 있다

"그대는 과거에 속박되지 말고, 지금의 마음을 잘 지키라."

불교에서는 진실이란 보는 자의 마음에 따라 달라진다고 말한다. 오늘 알게 된 사실이 어제의 추억을 완전히 지워버릴 수는 없다. 그날 나눴던 웃음과 손길이 거짓이었는지, 혹은 여전히 진심이었는지는 결국 내가 어떻게 받아들이느냐에 달려 있기 때문이다.

가족이 숨겨왔던 비밀이 배신처럼 느껴질 수도 있다. 하지만 그 숨김의 이유는 상처를 감추기 위해서일 수도, 두려움이나 미안함 때문일 수도, 혹은 서툰 방식의 사랑이었을 수도 있다. 그 진실의 색깔을 결정하는 것은 그들의 마음이 아니라, 그 사실을 바라보는 나의 시선이다. 진실은 시간이 흐르면서 변할 수 있다. 그러나 내가 지금 어떤 마음을 선택할지는 오직 나에게 달려는 점을 기억하자. 그 선택이 과거를 원망으로 남길지, 나를 단단하게 만드는 경험으로 남길지를 결정한다. 즉, 상처 난 마음을 꼭 붙잡고 살 것인지, 아니면 그 안에서 배운 것을 씨앗 삼아 앞으로 나아갈 것인지를 내가 정할 수 있다는 사실을 잊지 말아야 한다.

⊙ 지금, 마음 공부

충격적인 진실 앞에서 가장 먼저 할 일은 흔들리는 당신의 마음을 단단히 붙드는 것이다. 가족이 왜 그랬는지 모든 이유를 알 수 없어도 그 사실이 당신을 무너뜨리게 둘 필요는 없다. 진실이 드러난 뒤에도 당신이 지켜야 할 것은 '상처를 덜어내는 나'의 태도다. 이 순간의 선택이 앞으로의 관계를 단절로 만들지, 아니면 새로운 이해의 시작으로 만들지를 정할 수 있기 때문이다. 과거는 바꿀 수 없지만, 오늘 당신이 쌓는 마음은 내일의 관계를 바꿀 수 있다는 점을 기억하자.

용서가 어려운 이유

마음의 병 ⑩

 상처는 시간이 지난다고 저절로 열어지지 않는다. 그날의 말, 표정, 침묵까지도 여전히 생생하다. 한 번 무너진 신뢰는 쉽게 회복되지 않고, 그 자리에 깊은 경계심이 자리 잡는다. 친했던 친구가 내 비밀을 흘렸을 때, "그럴 리 없다"라고 생각했던 마음은 곧 "역시나"라는 확신으로 바뀌었다. 물론 몇 번의 사과는 있었다. 하지만 내 안에서는 이미 문이 닫혀 버린 듯했다. 머리로는 용서가 필요하다는 걸 알지만서도 내 마음은 움직이지 않는다.

 '그가 정말 진심일까?', '다시 상처받으면 어떡하지?'

 이 의심이 남아 있는 한, 용서는 그저 멀리 있는 단어일 뿐인 걸까.

⊙ 용서는 나를 위한 해방

"원한을 품으면 두 번 상한다."

불교는 용서를 '상대를 위한 은혜'가 아니라 '나를 위한 해방'으로 본다. 용서란 과거의 잘못을 지워주는 것이 아니라, 그 잘못이 내 마음을 계속 붙잡지 못하게 하는 일이다. 상대가 변하지 않아도 나는 그 기억에서 벗어날 수 있고, 그 벗어남이 바로 자유이며 성장이 된다.

용서가 곧 관계의 지속을 뜻하지는 않는다. 때로는 거리를 두더라도 미움과 원망을 내려놓을 수 있다. 그 순간, 무겁던 하루가 조금씩 가벼워진다. 중요한 건 용서가 단번에 끝나는 결심이 아니라는 점이다. 상처가 불쑥 떠오를 때마다 다시 놓아주는 연습이 필요하다. 그 과정에서 나는 '그 사람'을 잊는 것이 아니라, '그 일에 매인 나'를 풀어내는 것이다.

이 풀림이 쌓이면 기억은 남아 있어도 더이상 나를 흔들지 못한다. 불교에서는 이를 '마음의 청정'이라 부른다. 흙탕물 위에 연꽃이 피듯, 상처 위에도 평온이 자리할 수 있다. 용서는 상대가 아니라 나 자신을 어둠에 묶이지 않게 하는 길, 그 평온을 향해 나아가는 수행이다.

⊙ 지금, 마음 공부

 용서의 출발점은 '그 사람'을 보는 것이 아니라 '지금의 나'를 먼저 보는 것이다. 그 기억을 붙잡고 있을 때, 당신이 더 나아지지 못한다면 손을 놓아야 한다. 상대의 잘못은 상대의 몫으로 남기고, 당신은 당신의 길을 걸어가야 한다. 그렇게 당신의 마음을 먼저 풀어주어야만 더 이상 그 상처가 본인을 지배하지 못한다. 용서는 과거를 바꾸지 않지만, 내가 내일을 살아가는 방식을 바꾼다는 것을 잊지 말자.

부모가 물려준 건
빚뿐일 때

마음의 병 ㉛

내 또래 친구들은 부모가 사준 집에 살고, 유학 다녀온 경험을 자랑하며, 가진 것 위에 또 가질 수 있는 선택지를 누린다. 나는 출발선이 달랐다. 물려받은 건 집이 아니라 전세 보증금도 모자란 현실, 기회가 아니라 빚이었다.

"너는 왜 아직 이것밖에 안 됐어?"라는 말은 나를 더 깊이 초라하게 만들었다.

남들은 부모덕에 시작하는 걸 나는 몇 년을 빙 돌아가야 했다. 부모님을 원망하는 마음이 차오를수록 내 노력은 의미 없게 느껴졌다. 처음부터 패배가 정해진 게임 속에 살고 있는 듯한 이 감정, 나만 겪는 걸까.

⊙ 물려받지 못한 것이, 나를 만든다

"그대가 의지할 것은 스스로의 두 손과 마음뿐이다."

태어날 때 받은 조건은 당신이 맘대로 고를 수 없지만, 그 조건을 쓰는 방식은 오로지 신당의 선택이다. 물려받은 것이 없다는 건, '내 길을 내 힘으로 설계할 수 있는 자유'를 갖는다는 뜻이기도 하다. 불교에서는 '가진 것'보다 '어떻게 쓰느냐'를 더 중점적으로 바라본다.

친구는 부모에게 받은 아파트를 전세로 놓고 창업을 시작했지만, 나는 매달 월세를 내면서도 작은 장사를 키워냈다. 출발선은 달랐지만, 걸어온 길의 땀방울은 오롯이 내 것이었다. 부모가 준 건 돈이 아니라 버티는 법, 없어도 살아남는 끈기, 그리고 결국 내 삶을 내가 일으켜야 한다는 진실일 수 있다.

세상은 출발선이 다르지만, 결승선은 스스로 정할 수 있다. 남의 길을 부러워하는 대신, 당신이 만든 길 위에서 당신만의 속도를 찾는 것, 그것이 부모가 줄 수 없는 당신만의 유일한 유산이다. 때로는 가진 것보다, 가지지 못한 것이 더 단단한 토대가 된다. 스스로 벌어 이룬 집 한 채, 직접 쌓아 올린 경력, 오롯이 내

손으로 일군 인간관계는 어떤 재산보다 오래 남는다. 그것은 잃어도 다시 일어설 수 있는 힘이 되어준다.

⊙ 지금, 마음 공부

"없어서 못한 것" 대신 "없었기에 해낸 것"을 적어보라. 부모가 채워주지 못한 자리를 당신 스스로의 손과 마음으로 채운 순간들이 곧 당신의 진짜 자산이 된다. 부처는 이렇게 말했다.

"비교는 부족함을 자라게 하고, 감사는 힘을 자라게 한다."

남이 가진 것을 세는 대신, 스스로 일군 하루하루를 세어보라. 그 하루가 쌓여 당신을 단단하게 만든다. 물려받지 못한 것은 결핍이 아니라 당신을 길러낸 보이지 않는 뿌리다. 그 뿌리를 잊지 않고 돌본다면, 그 위에서 피는 꽃은 온전히 '당신의 꽃'이 될 것이다.

사람들에게 맞추다,
나를 잃어버린 날

마음의 병 ㉰

"너 오늘도 괜찮지? 조금만 도와줄래?"

그날도 친구의 부탁에 나는 고개를 끄덕였다. 사실 몸살 기운이 있었지만, 미안하다는 말을 하기 싫었다. 모임이 가기 싫을 때도, 대화가 불편할 때도, 나는 늘 맞장구를 쳤다.

'네가 좋으면 나도 좋아'라는 말은 이제 습관이 되었고, 어느 순간 나는 내가 뭘 좋아하는지조차 잊어버렸다.

모두가 나를 좋아한다고 했다. 그런데 집에 돌아오면 마음은 늘 허전했다. 내가 웃는 건 진심이 아니라, 관계를 지키기 위한 가면이었다. '다들 나를 좋아하는데, 왜 나는 이렇게 공허하지?' 그 질문이 머릿속에 떠오르던 날, 나는 깨달았다. 사람들에게 맞추는 동안, 나는 나와 멀어지고 있었다는 걸.

마음의 약 ⑫

⊙ 진짜 자비는 자신에게도 향해야 한다

"그대가 스스로를 사랑하지 않는다면, 다른 이를 사랑할 수 없다."

좋은 관계는 나를 지키면서도 이어갈 수 있다. 거절은 이기심이 아니라, 건강한 경계다. 경계 없는 친절은 결국 불평등한 관계를 만들고, 불평등한 관계는 언젠가 한쪽을 지치게 만든다. 불교에서는 모든 존재에게 자비를 베풀되, 그 안에는 '나 자신'도 포함된다고 말한다. 나를 소모시키면서까지 남을 맞추는 건 자비가 아니라 자기 방기다.

나를 먼저 돌보는 건 당연히 마땅한 일이지, 결코 이기적인 것이 아니다. 물이 가득 찬 그릇만이 다른 그릇에 물을 나눠줄 수 있듯, 내 마음이 건강해야만 그 마음에서 나오는 친절과 배려도 오래 지속된다. 즉, 진짜 자비는 나를 존중하는 마음과 남을 존중하는 마음이 균형을 이루는 데서 시작된다. 내가 나를 존중하지 않으면, 결국 다른 사람의 존중도 지켜낼 수 없다는 것을 기억하자.

⊙ 지금, 마음 공부

오늘 하루, 누군가의 부탁을 거절해보자. 그 거절이

미안함이 아니라, 나를 지키는 선택임을 기억하자.

혹은 부탁을 들어줄 때도 '내가 원해서 하는 일인지', '의무감 때문인지' 스스로에게 물어보자. 내가 선택한 친절은 기쁨이 남지만, 억지로 한 친절은 후회와 피로만 남는다. 맞추기만 하는 관계보다, 서로의 경계를 인정하는 관계가 더 단단하다. 때로는 한 발 물러서는 용기가 관계를 오래 가게 만든다. 자비의 시작은 '나를 해치지 않으면서도 남을 이롭게 하는 길'을 찾는 데 있다. 그러니 오늘 하루를 시작으로 그 길 위에 서 보자.

5장

놓아버림에서 오는 평온

노력해도 변하지 않는
현실 앞에서

마음의 병 ⑦3

　새벽 다섯 시, 혼자 책을 펼치며 스스로 다짐했다.
　"오늘은 어제보다 나아질 거야." 커피 한 잔으로 하루를 열고, 퇴근 후엔 지친 몸을 이끌고 헬스장에 갔다. 모임도 줄이고, 휴식도 미뤘다. 오직 변화를 위해 버텼다. 그러나 현실은 달라지지 않았다. 직장에서의 평가는 늘 애매했고, 내 노력을 아는 사람은 아무도 없는 듯했다.
　문득, '내가 해온 게 다 헛수고였나?'라는 생각이 스쳤다. 변화 없는 날들이 쌓이며 믿음은 무너지고, 같은 자리를 맴도는 기분 속에서 나 자신에 대한 신뢰마저 흔들리고 있었다. 나만 이런 걸까.

마음의 약 ㉓

⊙ **변화는 눈에 보이는 결과보다 방향에 있다**

"씨앗을 심으면, 뿌리가 먼저 자란다. 그 뿌리는 보이지 않지만, 나무를 지탱하는 힘이 된다."

불교는 변화가 더딜 때 '결과'가 아닌 '방향'을 보라고 말한다. 눈에 띄는 성과가 없어도 올바른 길을 걷고 있다면 이미 변화 속에 있는 것이다. 땅속의 뿌리처럼, 우리의 노력도 겉으론 드러나지 않아도 내면에서 토대를 쌓는다.

부처는 "큰 것을 얻으려는 집착이 고통을 만든다"고 했다. 한 번에 모든 것을 바라기보다 오늘 10분 더 버틴 것, 어제보다 조금 더 집중한 것 같은 작은 걸음에 주목하라. 그 사소한 발걸음이 쌓여 방향을 단단하게 만든다. 변화를 재는 잣대를 '속도'에서 '지속'으로 바꿔보라. 속도는 흔들리지만, 지속은 결국 당신을 앞으로 밀어주는 힘이 된다.

⊙ **지금, 마음 공부**

오늘 당신이 한 작은 노력 하나를 구체적으로 기록해 보자. 그게 성과로 이어졌는지 따지지 말고, 그 행동이 내가 원하는 방향을 향하고 있었는지만 살펴라. 결과가 늦게 와도 괜찮다. 씨앗은 계절을 기다릴 줄 알고, 강물은 돌아가더라도 끝내 바다에 이른다. 당신의 걸음이 느리더라도 방향이 바르다면, 이미 변화의 길 위에 서 있는 것이다.

웃고 있지만,
속은 계속 가라앉을 때

마음의 병 ⑭

    회식 자리에서 나는 가장 크게 웃는 사람이었다. 농담이 터질 때마다 박장대소했고, "저 원래 이런 사람이에요."라는 대답으로 분위기를 이어갔다. 하지만 집 앞 골목에 들어서자 웃음은 금세 사라졌다. 현관 비밀번호를 누르는 손끝은 무겁고, 불을 켜자마자 가슴은 답답해졌다. 이유 없는 돌덩이가 마음속에 내려앉아 있었다. 더 무서운 건, 특별한 사건이 없는데도 이렇게 무기력해진 나 자신이었다. 거울 속 표정은 회식 자리의 웃음을 전혀 닮지 않았다. 사람들 앞의 나와 혼자 있을 때의 내가 다른 사람처럼 느껴졌다. 이렇게 웃음 뒤에 숨어 살다 보면, 언젠가 진짜의 '나'를 잃어버릴까 두렵다.

마음의 약 ⑭

⊙ 가라앉는 마음도 있는 그대로 바라보기

"어둠을 밀어내려 하지 말고, 그 어둠 속에서 마음을 밝히라."

우울을 없애려 애쓰기보다, 그 우울이 어떤 색과 무게를 띠고 있는지 있는 그대로 바라보는 것은 어떨까. 불교에서는 기쁨도, 우울도 모두 '지나가는 마음의 모양'이라 말한다. 억지로 밝게 만들려 하면 오히려 더 짙어질 수 있다. 명상에서 말하는 '관(觀)'은 판단하지 않고 바라보는 것이다. 하늘의 구름을 억지로 걷어내지 않듯, 마음의 먹구름도 스스로 흘러가길 기다리는 것이다. 웃으면서도 속이 가라앉는 건 그저 지금의 내가 지쳐 있기 때문일지 모른다. 그 지친 나를 밀어내지 않고 잠시 쉬게 해주는 것, 그것이 회복의 시작이다.

⊙ 지금, 마음 공부

오늘 하루만큼은 억지로 웃지 않아도 괜찮다. 사람들에게 보여주던 표정을 벗고, 있는 그대로의 나를 마주할 시간이 필요하다. 마음이 무거울 땐 그 무게를 없애려 애쓰기보다, 잠시 내려놓는 연습을 해보자. 차 한 잔을 내려두듯 마음도 살며시 놓아두면, 어느 순간 파도처럼 멀어진다. 우울은 밀어낼 때보다 받아들일 때 더 빨리 흩어진다.

부모의 사랑이
공평하지 않을 때

마음의 병 ㉕

 어릴 때부터 느꼈다. 같은 집, 같은 밥을 먹고 자라는데도 부모님의 시선은 늘 형제자매 쪽을 더 향해 있었다. 잘한 일은 당연하게 여기고, 실수는 크게 꾸짖었다. 반면 그들은 작은 일에도 칭찬을 받고, 실수를 해도 금세 웃음으로 넘어갔다.
 이 차별이 우연이 아니라는 걸 깨달았을 때, 마음속에 깊은 골이 생겼다. 노력해도 채워지지 않는 공백, '왜 나만?'이라는 서운함이 마음의 습관이 되었다. 시간이 지나도 그 상처는 사라지지 않고, 가족 모임에서도 나를 작게 만든다. 부모의 사랑이 공평하지 않다는 사실이 가장 오래된 원망이 되었다.

마음의 약 ⑦⑤

⊙ 사랑의 모양은 같지 않으나 사랑을 배울 수 있다

"사랑은 같은 듯 다르고, 다른 듯 같다."

불교에서는 모든 인연이 각자의 인연법(因緣法)에 따라 맺어진다고 바라본다. 부모가 자식에게 베푸는 사랑도 마음의 크기보다, 표현과 방식이 다를 수 있다. 어떤 부모는 말로 어떤 부모는 행동으로, 어떤 부모는 침묵 속에서 사랑을 전한다. 그러나 그 차이를 인정하지 않고, 억지로 같아야 한다고 믿으면 상처는 더 깊어진다.

당신이 받지 못한 사랑은 분명 결핍이지만, 동시에 사랑을 배우는 기회이기도 하다. 부모에게서 채워지지 않은 빈자리는 세상 속 다른 인연에서 채워질 수 있다. 친구의 다정한 말, 스승의 따뜻한 눈빛, 혹은 내가 누군가를 돌보며 깨닫는 마음들이 모여 그 빈틈을 메운다.

불교에서는 '부족함'을 피할 대상이 아니라, 마음을 넓히는 수행의 재료로 본다. 내가 받지 못한 것을 스스로 줄 수 있는 사람이 될 때, 결핍은 더 이상 상처가 아니라 자산이 된다. 사랑의 모양이 다름을 인정하는 순간, 그 다름이 나를 더 깊고 넓은 그릇으로 만든다.

⊙ 지금, 마음 공부

부모가 주지 않은 것을 억울하게만 여기지 말자. 그 결핍이 당신의 감정과 선택을 키우는 토대가 될 수 있다. 부모의 방식이 서툴렀을 수 있지만, 그것이 사랑이 아니었다는 뜻은 아니다. 오늘, 그 부족함이 만든 당신의 힘과 성장을 떠올려보자. 공평하지 않은 사랑도 결국 당신의 삶 속에서 쓰임이 있다. 누군가를 온전히 사랑할 수 있는 힘, 이해와 배려로 사람을 대할 수 있는 마음, 그것이 바로 당신이 결핍 속에서 길어 올린 보물이다.

눈앞의 기회가
다른 사람에게 넘어갔을 때

마음의 병 ㉗

 그 자리는 내 것이라고 믿었다. 준비도 했고, 노력도 했다. 그런데 결과 발표 날, 내 이름이 아니라 다른 사람의 이름이 불렸다. 그 사람은 나보다 경력이 짧았고, 준비도 덜 해 보였다. 축하한다는 말을 하면서도 속은 쓰렸다.
 '왜 하필 지금… 왜 하필 그 사람이지?'라는 생각이 머릿속을 떠나지 않았다. 노력과 결과가 비례하지 않는 세상이 억울하고 허탈하게 느껴졌다. 마치 내 손에서 떨어져 나간 기회가 평생 돌아오지 않을 것만 같았다.

마음의 약 ㉗

⊙ **놓친 기회가 모든 것을 결정하지 않는다**

"꽃이 피는 시기는 다르다. 그러나 모든 꽃은 제 철에 핀다."

불교에서는 모든 일이 원인과 조건이 무르익어야 비로소 결실을 맺는다고 바라본다. 지금 당신에게 오지 않은 결과는 그 인연이 아직 성숙하지 않았거나, 다른 모습으로 찾아오기 위함일 수 있다. 눈앞에서 기회를 놓쳤을 때 마음은 쉽게 '끝났다'고 속삭이지만, 끝과 시작은 늘 맞닿아 있다. 한 문이 닫히면, 다른 문이 열리기 시작한다.

기회를 놓친 순간은 패배가 아니라, 다른 길이 시작되는 첫걸음이다. 그 길은 더 멀리 돌아갈 수도, 더 오랫동안 준비해야 할 수도 있다. 하지만 그 과정이 당신을 더 단단하게 만들고, 다음 인연이 왔을 때 더 크게 꽃피울 힘을 길러준다.

남의 속도로 당신의 삶을 재단하면 원망과 비교가 커질 뿐이다. 남이 한 걸음 먼저 나갔다고 해서 당신이 뒤처진 것은 절대 아니다. 오늘 당신의 자리에서 할 수 있는 일을 놓치지 않는 것이 다음 기회를 만드는 힘이 된다. 그 힘이 결국 당신을 가장 알맞은 자리로 이끌 수 있을 것이다.

⊙ 지금, 마음 공부

 오늘 놓친 것은 세상의 전부가 아니다. 인생은 단 한 번의 기회로 결정되지 않는다. 지금 당신이 서 있는 자리는 아직 끝나지 않은 여정의 한 구간일 뿐이다. 다른 사람의 기쁨이 당신의 실패가 아님을 기억하자. 그 기쁨이 부러움으로 변하기 전에 당신의 다음 기쁨을 준비하는 시간이 될 수 있다.

 기회가 다시 왔을 때 붙잡을 수 있는 힘은 당신이 지금의 자리를 얼마나 성실히 채우느냐에 달려 있다. 오늘의 땀방울이 내일의 문을 여는 열쇠가 된다. 그러니 지금 이 순간을 헛되이 보내지 말자.

이겨야만
가치 있는 걸까?

마음의 병 ⑦

점심시간 카드 게임, 친구와의 배드민턴. 별것 아닌 순간에도 나는 늘 진심이었고, 머릿속에는 오직 '이겨야 한다'라는 생각뿐이었다. 이기면 기분이 솟구쳤지만, 지면 하루 종일 마음이 가라앉았다. 회의에서 아이디어가 채택되지 않거나 농담에서 말발이 밀려도 그건 곧 '패배'였다. 남들은 대수롭지 않게 넘기는 일도 내겐 오래 남았다. 밤마다 이불 속에서 '그때 이렇게 했어야 했는데'라며 대본을 다시 쓰곤 했다. 인생이 끝없는 경기장처럼 느껴졌다. 나는 늘 뛰어야 하는 선수였고, 작은 승부에도 지칠 만큼 몰두했다. 이겨야만 의미 있는 삶이라면, 앞으로도 이렇게 숨 가쁘게 살아야 하는 걸까. 언제부터 즐기던 순간마저 성적표처럼 받아들이게 된 걸까.

마음의 약 ⑦

⊙ 승부의 끝은 마음의 평정이다

"세상에서 가장 큰 승리는 스스로를 이기는 것이다."

불교에서는 세속의 승패보다 마음의 평정을 더 귀하게 본다. 승부에 집착하면 이기든 지든 결국 스스로를 괴롭히기 때문이다. 즉, 이기면 교만이 자라고, 지면 분노가 커진다. 그렇게 끝없는 경쟁 속에서 우리는 자신을 잃고 불안에 갇힌다. 그러나 중요한 것은 결과가 아니라 과정 속의 깨달음이다. 이김이 나를 자만하게 했는지, 패배가 나를 겸손하게 했는지 스스로 묻는 것. 상대를 이기려는 힘의 일부를 나를 돌아보는 데 쓸 때, 승부는 경쟁이 아니라 성장이 된다. 세상의 승부는 잠시지만, 마음의 승부는 평생 이어진다. 그 마음에서 이길 줄 알 때, 외부의 승패와 상관없이 자유로워진다. 진짜 승리는 기쁨이 사라진 뒤에도 평온을 잃지 않는 것이다.

⊙ 지금, 마음 공부

승패를 맛보는 순간마다 '이 경험에서 배운 한 가지'를 떠올려 보자. 경기에서 진 날에도, 회의에서 아이디어가 채택되지 않은 날에도 배울 수 있는 것이 있다. 결과만 바라보면 승패가 전부처럼 느껴지지만, 과정을 들여다보면 모든 순간이 연습이 된다. 세상의 경기장은 언젠가 비워져도 당신 마음의 경기장은 끝없이 이어지고, 그곳에서 이기는 자만이 진정한 승자다.

비교할수록 더 깊어지는
열등감의 늪

마음의 병 ⑱

　열등감은 나보다 잘난 사람을 볼 때만 생기지 않는다. 때로는 나보다 부족하다고 느끼는 이를 보면서도 "나는 저렇게 되지 말아야지"라는 생각에 스스로를 옭아맬 때 생겨난다. 비교의 잣대를 손에 쥔 순간, 세상 모든 사람은 나를 재는 기준이 된다. 그 늪에 빠질수록 진짜 나 대신 타인의 시선에 맞춘 '가짜 자아'를 만들게 된다. 잘 보이기 위해 꾸미고, 인정받기 위해 숨기는 일이 반복되면 결국 '나는 누구인가'라는 질문 앞에 선다. 그러나 그 순간 답보다 먼저 밀려오는 건 "혹시 나는 아무것도 아닌 건 아닐까"라는 두려움이다. 그 두려움이 쌓일수록, 나는 진짜 나로 살아본 적이 있었을까.

⊙ 있는 그대로의 나를 받아들이는 힘

"그대 자신을 다른 이와 견주지 말고, 어제의 그대와 견주라."

불교에서는 비교로 생긴 마음의 불평등을 괴로움의 씨앗이라 본다. 열등감은 그 씨앗이 자라난 결과다. 이를 억지로 없애려 애쓸수록 마음은 그 감정에 더 오래 머물고, 오히려 더 단단하게 키우게 된다. 열등감을 '없애야 할 적'이 아니라, '나를 돌아보게 하는 신호'로 바라보라. 그 감정은 내가 무엇을 두려워하는지, 무엇을 인정받고 싶은지, 내 안의 어떤 빈자리를 채우고 싶은지를 보여준다.

타인의 기준에서 벗어나, 나만의 기준을 세우는 연습이 필요하다. 오늘의 나를 어제와 견주어 단 한 걸음이라도 나아갔다면, 그것이 이미 의미 있는 성장이다. 남보다 늦어도, 작아도, 그 걸음은 내 삶을 내가 만드는 증거다.

있는 그대로의 나를 받아들이는 힘은 단번에 오지 않는다. 그러나 그 힘이 길러질수록 비교와 열등감이 발붙일 자리는 점점 사라지고, 마음은 더 가볍고 자유로워진다.

⊙ 지금, 마음 공부

당신의 하루에서 '비교하는 순간'을 기록해 보라. 그 비교가 나를 더 나은 길로 이끌었는지, 아니면 스스로를 깎아내렸는지를 분명히 구분해보는 것이다. 열등감이 솟을 때마다 내가 지키고 싶은 것은 자존심인지, 아니면 진짜 나다운 삶인지를 분명히 구분해 보라. 비교가 아닌 성장의 관점으로 나를 바라보면, 열등감은 나를 억누르는 족쇄가 아니라 나를 나답게 세우는 거울이 된다.

거리를 모르는
관계의 피로

마음의 병 ⑲

 현대 사회에서 나는 24시간 연결되어 있을 수 있는 기술을 가지고 있다. SNS, 메신저, 단체 채팅방은 물리적 거리를 좁히지만, 정서적 여백마저 없애기도 한다. 가까운 관계일수록 '관심'이라는 이름으로 내 일에 개입하고, '배려'라는 이유로 불필요한 조언을 해온다. 나 역시 누군가에게 그렇게 했을지 모른다.

 그런데 이런 행동이 때로는 숨 쉴 틈을 빼앗고, 마음을 무겁게 만든다. 간섭을 하는 나도, 간섭을 받는 나도 그 경계를 잘 모른 채 오간다. 그러다 보면 편안해야 할 관계에서조차 긴장과 부담이 앞선다. 우린 정말 서로를 지키고 있는 걸까, 아니면 조금씩 지치게 만들고 있는 걸까.

마음의 약 ㊷

⊙ 건강한 거리는 관계를 지키는 힘이다

"그대와 타인 사이에는 물 한 그릇의 여백이 있어야 한다."

불교에서는 모든 인연이 가까움과 멂의 균형 속에서 오래 간다고 말한다. 거리가 없으면 간섭이 되고, 거리가 지나치면 단절이 된다. 그 중간 지점을 지키는 것이 자비와 지혜를 함께 키우는 길이다.

관심과 간섭을 가르는 기준은 생각보다 복잡하지 않다. '상대가 요청했는가?'를 확인하는 것이다. 묻지 않은 조언, 원치 않는 개입은 아무리 좋은 의도라도 결국 부담이 된다. 그렇다면 부처의 가르침에서 말하는 자비는 무엇일까? 경우에 따라 해석은 달라질 수 있겠지만, 그것은 '상대가 준비된 만큼의 도움'을 주는 것에 가까운 것이지, 당신이 주고 싶은 만큼만 쏟아붓는 것이 아닐 것이다. 사랑과 친절은 때로 멈추는 데서 힘이 난다. 상대가 어떤 속도로 걷고 싶은지 살펴보고, 그 걸음을 존중하는 거리가 곧 관계를 지키는 안전선이다.

⊙ 지금, 마음 공부

누군가와 대화를 나누다 문득 당신이 하고 싶은

말이 떠오를 때, 잠깐 멈춰서 생각해보자. '이 말이 정말 상대에게 필요한가, 아니면 그냥 내가 하고 싶은 건가.' 한 발 물러서는 건 무심함이 아니라 상대에 대한 존중이다. 필요 없는 말 한마디를 줄이면, 대신 상대가 스스로 길을 찾을 수 있는 시간이 생긴다. 건강한 거리는 마음을 오래 가게 하고, 관계를 지치지 않게 하는 숨통이 된다.

무심한 습관이
만든 길

마음의 병 ⑧

눈 뜨자마자 핸드폰을 켠다. 잠깐만 보려던 화면은 금세 머릿속을 복잡하게 만들고, 무료하면 손가락은 자동으로 SNS를 넘긴다. 별 의도 없는 작은 행동들이 하루를 바꾸고, 쌓여 결국 삶의 방향을 정한다. 사소해 보이던 습관이 어느새 하루를 잠식하고 선택할 힘마저 빼앗는다. 하고 싶은 일은 많은데 마음은 늘 산만하다. 내가 선택한다고 믿었지만, 하루의 흐름은 이미 습관이 정하고 있었던 걸까.

⊙ 작은 씨앗이 미래를 만든다

"이것이 있으므로 저것이 있고, 이것이 사라지므로 저것도 사라진다."

작은 습관 하나가 내일을 바꾼다. 아침에 눈 뜨자마자 핸드폰을 켜면 집중력이 흐트러지고, 짜증 날 때마다 단것을 찾으면 몸은 더 무거워진다. 피곤하다고 계획을 미루면 의지는 조금씩 약해진다. 이렇게 반복되는 행동이 쌓여 삶의 방향이 된다. 불교에서는 습관을 씨앗에 비유한다. 씨앗은 작아도 반드시 열매를 맺는다. 좋은 습관은 좋은 결과를, 해로운 습관은 해로운 결과를 낳는다. 문제는 그 씨앗을 무심히 뿌린다는 데 있다. 하루를 흘려보내면 원치 않는 열매가 맺히는 것은 당연하다. 습관은 하루아침에 바뀌지 않는다. 그러나 씨앗을 뿌리는 순간을 알아차리는 작은 자각이 새로운 길의 시작이 된다. 깨어 있는 마음으로 선택한 행동은 반드시 다른 결과를 만든다. 오늘의 사소한 선택이 내일의 삶을 바꾼다.

⊙ 지금, 마음 공부

하루 동안 당신도 모르게 무심코 하는 행동이 있을 것이다. 눈을 뜨자마자 손이 닿는 곳, 이동 중에 습관처럼 하는 일, 감정이 흔들릴 때 몸이 기억한 반응. 오늘만큼은 그중 하나를 의식적으로 바라보는 건 어떨까. 힘이 되는 길이라면 더 깊게 걸어가고, 나를 갉아먹는 길이라면 작은 방향을 틀어보는 거다. 하루에 한 번 무심한 행동을 의식적으로 바꾸는 것만으로도 길은 다른 곳을 향한다. 습관은 거대한 성벽처럼 보이지만, 매일의 선택이 그 벽에 균열을 만들기 때문이다.

교만이 만든 벽

마음의 병 ⑧

 나도 모르게 마음이 높아질 때가 있다. 대화 중 상대의 말이 시시하게 느껴지고, 다른 이의 성취가 대단치 않아 보일 때가 있다. 더 많이 알고, 더 많이 가졌다는 생각은 처음엔 나를 지켜주는 갑옷처럼 느껴지지만, 곧 나와 세상을 가르는 벽이 된다. 그 벽은 투명해서 잘 보이지 않는다.
 그러나 어느 날, 내 말에 웃어주던 사람들의 표정이 굳어 있고, 함께하던 자리가 줄어든 것을 깨닫게 된다. 교만은 이렇게 조용히, 그러나 깊게, 나를 세상으로부터 고립시킨다. 교만에서 벗어날 수 있을까.

마음의 약 ⑧

⊙ 낮춤에서 피어나는 지혜

"높아진 자는 낮아지고, 낮아진 자는 높아진다."

부처는 교만을 '마음을 덮는 먼지'라 했다. 먼지가 쌓이면 빛깔이 흐려지듯, 교만은 시선을 흐리고 판단을 좁힌다. 겸손은 그저 자신을 낮추는 것만이 아니다. 있는 그대로 나를 받아들이고, 다른 이의 목소리에 귀 기울이며, 모르는 세상 앞에서 고개 숙일 줄 아는 태도다. 낮춤은 나를 작게 만드는 것이 아니라 더 크게 성장할 자리를 여는 일이다. 교만은 "나는 충분하다"라고 말하지만, 겸손은 "나는 더 배울 수 있다"라고 속삭인다. 교만이 벽을 쌓는다면, 겸손은 다리를 놓는다. 그리고 그 다리를 건너는 순간, 다른 이의 지혜와 경험이 고스란히 나의 것이 된다.

⊙ 지금, 마음 공부

"나는 어떤 순간에 나를 더 높이 올려놓고 있는가?"

교만은 당신을 지키는 듯 보이지만, 결국 고립시키는 길이다. 또한, 겸손은 당신을 낮추는 듯 보이지만, 오히려 삶을 넓혀준다. 당신보다 어린 이에게서, 다른 길을 걷는 이에게서 혹은 모르는 세계를 살아가는 이에게서 배울 수 있는 말을 찾아보자. 단 한 번의 낮춤이 시야를 넓히고, 관계를 부드럽게 만들며, 삶을 단단하게 한다. 겸손은 당신을 잃는 태도가 아니라 진짜 당신을 발견하는 태도다. 그 마음으로 걷는 사람은 길 위에서 결코 외롭지 않을 것이다.

평가에 흔들리는 마음

마음의 병 ⑧②

어떨 때는 누군가의 말 한마디가 내 하루를 뒤흔들 때가 있다. 칭찬을 들으면 기분이 높아지고, 비난을 들으면 금세 가라앉는다. 누군가의 시선 속에서 스스로의 가치를 재고, 타인의 평가에 따라 내 마음의 날씨가 바뀐다. 좋든 나쁘든 그 말들이 오래 머릿속을 맴돌다 보면, 나는 내 마음의 주인이 아니라 타인의 입김에 따라 흔들리는 나그네가 된다.

⊙ 산처럼 흔들리지 않는 평온

"바람이 아무리 거세게 불어도 산은 흔들리지 않는다."

누군가 당신을 '멋진 사람'이라 높이 세워도, '못난 사람'이라 깎아내려도, 그것이 당신의 진짜 모습이 되지는 않는다. 칭찬에 들뜨면 마음이 가벼워져 쉽게 휘청이고, 비난에 주저앉으면 마음이 무거워져 스스로 옭아맨다. 부처는 타인의 말에 얽매이지 않는 자유를 가르쳤다. 즉, 평온은 세상의 소리에 귀를 막는 데서 오는 것이 아니고 소리에 마음을 빼앗기지 않는 데서 온다는 것이다. 바람이 불어와도 묵묵히 서 있는 산처럼 어떤 말이 스쳐 가도 나를 붙잡는 중심을 잃지 않을 때, 마음은 비로소 자유로워진다.

⊙ 지금, 마음 공부

"그 말이 나를 정의하게 두고 있는가?"

누군가의 말에 기분이 크게 오르내린다면, 이미 마음의 키를 다른 이의 손에 쥐여준 것이다. 그 키를 다시 찾아와 당신 마음의 문을 스스로 열고, 닫을 수 있어야 한다. 칭찬이든 비난이든, 그 모든 말은 바람처럼 불어와 지나간다. 그 바람을 다 막으려 하지 말고, 산처럼 묵묵히 받아 넘겨보자. 그렇게 설 때, 마음은 외부의 소리에 흔들리지 않는 깊은 평온을 품게 될 것이다.

나만 소중하다고
여길 때

마음의 병 ⑧

 사람은 누구나 자기 자신을 가장 잘 알고, 또 가장 소중하게 여긴다. 그래서 때로는 내 안위를 지키기 위해 다른 사람의 마음을 무심히 다치게 하기도 한다. 내 기분, 내 이익, 내 욕구가 우선이다 보니, 그 순간 상대가 느낄 고통이나 불편은 잘 보이지 않는다. 하지만 그 마음은 나만 가진 것이 아니다. 나처럼 모든 살아 있는 것들이 제 자신을 세상에서 가장 사랑한다. 그 사실을 잊는 순간, 우리는 쉽게 다른 이의 소중한 것을 해치게 된다. 그래서 나는 묻는다. 어떻게 하면 매 순간, 이 마음을 간직한 채 살아갈 수 있을까.
 운 문장에서 한참을 머물렀을 수도 있고, 어떤 이야기는 나와는 조금 먼 일처럼 느꼈을지도 모릅니다.

마음의 약 ⑧³

⊙ 나를 사랑하듯, 다른 생명도 사랑하기

"세상을 다 돌아다녀 보았지만, 나 자신보다 더 사랑스러운 존재를 찾지 못했다. 다른 이도 마찬가지다."

스스로를 아낄 줄 아는 사람은 다른 생명을 함부로 대하지 않는다. 당신이 다치면 아픈 것처럼, 다른 존재도 상처를 입으면 고통을 겪는다. 부처는 말했다.
"모든 생명은 스스로를 가장 사랑한다. 사람뿐 아니라 동물, 식물, 보이지 않는 작은 생명까지도 그렇다."

진짜 자기 사랑은 그 마음을 나만을 위해 쓰지 않고, 다른 생명을 지키는 데로 확장시키는 것이다. 스스로를 사랑하는 마음이 깊을수록, 그 다정함은 옆 사람에게, 더 작은 생명에게 흘러간다. 그리고 그 사랑은 다시 스스로에게 돌아와 마음을 단단하게 한다. 세상은 거창한 희생으로 변하지 않는다. 당신이 당신을 아끼듯 이웃을 그리고 가장 작은 생명 하나를 존중하는 실천으로 변할 뿐. 그 작은 다정함이 쌓일 때, 당신과 세상은 함께 따뜻해질 것이다.

⊙ 지금, 마음 공부

"내가 소중히 여기는 것을 다른 생명도 똑같이 소중히 여긴다는 사실, 혹시 잊고 있진 않은가?"

잠시 멈추고, 당신 안의 소중한 당신을 바라보자. 그리고 그 마음을 다른 생명에게도 옮겨보자. 당신을 아끼듯 그를 아끼고, 당신을 지키듯 그를 지키는 것. 그 다정한 마음이 쌓이면 세상은 조금 더 따뜻해지고, 결국 그 온기는 당신에게로 돌아온다. 상처를 주지 않는 하루, 그것이 곧 자신을 사랑하는 하루임을 잊지 말자.

변하는 것에
기대려 할 때

마음의 병 ⑧④

 불안할 때 우리는 변하지 않는 무언가를 찾는다. 사람, 상황, 물질 등… 흔들림 없는 의지처가 있다면 안심이 될 것 같아서다. 하지만 세상은 늘 움직인다. 마음은 변하고, 약속은 깨지며, 안전하다고 믿었던 터전도 하루아침에 달라진다.

 그럼에도 우리는 혹시나 하는 마음으로 변치 않을 무언가를 붙잡으려 한다. 그러나 그 기대가 무너질 때 실망은 더 크고 불안은 더 깊어진다.

 "이제 나는 무엇을 붙잡아야 하지?"라는 질문이 마음속에서 떠나지 않는다. 변하는 세상 속에서 변하지 않는 것을 찾고 싶지만, 어디에 있는지 알 수 없어 혼란스럽다.

⊙ 흔들림 속에서 평온을 세우는 법

"세상 모든 것은 흔들리고 변한다. 그 안에 기댈 곳은 없다."

부처는 세상에 변하지 않는 것은 없다고 했다. 사람, 관계, 상황, 심지어 생각과 감정까지도 끊임없이 바뀐다. 그럼에도 우리는 변치 않는 무언가를 붙잡으려 하지만, 결국 마주하는 진실은 하나다. 모든 것은 변하며, 지혜로운 이는 변화를 거부하지 않는다. 즉, 변화를 없애려 애쓰기보다 그 속에서 흔들리지 않는 마음을 세우는 것이다. 그것이야 말로 외부에 기댄 안정이 아니라, 스스로 바로 서서 얻는 평온이다.

"흔들림을 피하려 애쓰지 말고, 흔들림 속에서 서는 법을 배우라."

바람이 불어도 뿌리를 깊이 내린 나무가 쓰러지지 않듯, 중심을 세운 사람은 변하는 세상 속에서도 무너지지 않는다. 평온은 변화를 받아들이면서도 자신을 잃지 않는 데서 온다는 것을 기억하자.

⊙ 지금, 마음 공부

"나는 무엇이 변하지 않기를 바라며, 그 위에 기대고 있는가?"

당신을 위해서라도 변하지 않는 것을 찾으려는 집착을 내려놓아보자. 지금 의지하는 것이 사라져도 내 마음이 무너지지 않게 하는 힘을 길러야 한다. 부처는 마음을 바로 세우는 것을 가장 큰 의지처라 했다. 변하는 세상에서 유일하게 기댈 수 있는 곳은 결국 내 안의 깨어 있는 마음뿐이다. 그 마음을 바로 세울 수 있다면, 세상은 변해도 나는 무너지지 않는다.

가져갈 수 없는 것에
마음을 두는 버릇

마음의 병 ⑧⑤

우리는 더 많이 갖고, 더 많이 쌓는 일을 삶의 목표처럼 여기곤 한다. 재산, 명예, 사람들의 인정… 그것이 나를 지켜줄 거라 믿는다. 하지만 그 모든 것은 생이 끝나는 순간 손에서 떨어져 나간다. 떠날 때 가져갈 수 없는 것들에 지나치게 마음을 두면, 정작 가장 중요한 준비를 하지 못한 채 마지막을 맞이하게 된다.

그 순간, "내가 평생 쌓은 것들이 사라진다면, 나는 무엇을 남기고 떠날 수 있을까?"라는 물음이 마음속 깊이 남는다.

⊙ 끝까지 함께 가는 것

"사람이 세상을 떠날 때 남는 것은 재물이나 이름이 아니라, 평생 닦아온 지혜(智慧)다."

여기서 말하는 지혜는 그저 머리로 아는 지식을 뜻하는 것이 아닌, 선한 마음과 바른 삶을 통해 차츰 쌓아 올린 통찰이다. 지혜는 고통 속에서도 길을 찾게 하고, 두려움 속에서도 마음을 붙들어 준다. 그래서 지혜로운 이는 눈앞의 이익보다 바른 생각과 말, 행동을 지키는 데 힘쓴다. 선한 생각은 선한 말을 낳고, 선한 말은 다시 선한 행동을 이끌어 내며, 그렇게 쌓인 선업은 지혜의 열매가 되고, 남은 삶을 평온하고 단단하게 만든다. 재물도, 명예도 끝까지 함께하지 못하지만, 지혜만은 죽음 이후에도 꺼지지 않는 등불처럼 남는다는 것을 잊지 말자.

⊙ 지금, 마음 공부

"오늘 내가 한 말과 행동, 그 마음은 미래의 나에게 어떤 그림자를 남길까?"

지금의 당신이 하고자 하는 선택이 어떤 흔적을 남길지 떠올려 보자. 좋은 업은 먼 훗날의 나를 보호하는 방패가 되고, 나쁜 업은 다시 나를 옭아매는 족쇄가 될 것이다. 삶의 끝에서 후회하지 않으려면 현재의 순간부터 선한 마음과 선한 말 그리고 선한 행동을 선택하자. 그것은 내가 떠난 뒤에도 나와 함께할 유일한 동반자이며, 마음의 평온을 지켜주는 가장 확실한 길이기 때문이다. 이것은 변하지 않는 진리이다.

지금을 놓치는
습관

마음의 병 ⑧⑥

 하루를 살면서도 내 마음은 자꾸 어제와 내일을 오간다. 며칠 전 즐거웠던 일이 떠오르면 그 순간으로 돌아가고 싶고, 다가올 일을 미리 걱정하다 보면 근거 없는 불안이 커진다. 스마트폰을 손에서 놓지 못한 채 눈앞에 있는 일을 미뤄두고, 누군가와 대화를 나누면서도 머릿속 한쪽은 다른 생각으로 바쁘다. 그러다 보면 하루가 훌쩍 지나 있다. 해야 할 일은 줄지 않고, 몸은 무겁고, 머릿속은 복잡하다. 결정을 내리려 해도 자꾸 미루게 된다. 결국 지금을 놓치는 습관이 쌓여, 하루는 공허하게 흘러가고 마음에는 피로만 남게 된다.

⊙ 현재에 깨어 있는 힘(正念)

"과거는 이미 흘러갔고, 미래는 아직 오지 않았다. 오직 지금 일어나는 바를 성실히 살펴라."

불교에서 말하는 정념(正念)은 '지금 일어나는 것을 있는 그대로 알아차리는 마음'이다. 어제의 후회나 내일의 불안에 휘둘리지 않고, 숨을 들이쉬고 내쉬는 지금, 발걸음을 옮기는 지금, 누군가와 대화를 나누는 지금의 순간에 머무는 것이다. 과거와 미래는 실체가 없으며, 내가 직접 경험할 수 있는 자리는 오직 '지금'뿐이다.

정념은 현실을 회피하는 것이 아니라, 현실을 또렷이 직면하게 한다. 지금을 바라보는 힘이 커질수록 변화와 불확실성 속에서도 중심이 흔들리지 않는다. 표정과 마음이 한결 가벼워지는 것도 그 힘의 자연스러운 열매다. 결국 우리가 설 수 있는 자리는 과거도 미래도 아닌, 지금 이 순간임을 잊지 말자.

⊙ 지금, 마음 공부

"나는 지금 어디에 머물고 있는가? 지나간 시간을 붙잡고 있는가, 아니면 아직 오지 않은 날을 붙잡고 있는가?"

오늘 하루, 단 한 번만이라도 숨결 하나, 걸음 하나, 말 한 마디를 의식적으로 느껴보자. 그 작은 순간들이 차곡차곡 쌓여 삶의 무게를 덜어내고, 당신의 마음을 제자리로 돌려 놓을 것이다. 1분 동안만이라도 순간에 깨어 있는 연습을 해 본다면, 그 짧은 시간이 하루 전체 새롭게 책임질 수 있기 때문이다.

❶ 멈춤(5초): 고개를 들어 주변을 한 번 둘러본다.
❷ 호흡(20초): 들숨과 날숨 번갈아가며 4-6회 또렷이 한다.
❸ 몸(20초): 어깨과 턱 힘 빼고, 발바닥 감각 확인한다.
❹ 마음(10초): 현재 마음 라벨 한 단어를 정한다.
❺ 선택(5초): '지금, 이 한 가지'를 정하고 바로 시작한다.

이 루틴을 하루에 짧게 해도 좋으니 길게 애쓰지 말고, 짧게 자주 반복해 보자. 그 작은 귀환이 쌓이면, 과거와 미래에 끌려가던 마음이 어느새 '지금, 여기'로 돌아오는 힘을 얻게 될 것이다. 현재에 깨어 있는 마음이야말로 평온으로 들어가는 가장 확실한 길이다.

자만이 키우는
고통

마음의 병 ⑧⑦

  내 말이 틀리지 않았다는 확신이 들면 마음속에서 힘이 일어난다. 대화는 곧 경기가 되고, 이기면 안도감보다 우월감이 먼저 올라온다. 말투와 표정에는 힘이 실리고, 뜻대로 되지 않으면 곧바로 속이 달아오른다.

  '나를 무시하나?' 하는 생각이 스치고, 그 불편함은 관계에 작은 금을 남긴다. 자만은 겉으론 자신감 같지만, 안에서는 분노와 서운함을 키운다. 결국 그 가시는 상대가 아니라 나 자신을 찌른다. 잠깐 이긴 듯해도 남는 건 관계의 불편함과 마음의 피로뿐이다. 그래서 때로는 묻게 된다. 나는 왜 이렇게까지 이기려 드는가. 내가 원하는 것은 승리가 아니라, 서로를 이해하는 대화가 아닌가.

마음의 약 ⑧⑦

⊙ 자만을 내려놓는 힘

"거만함(慢)은 번뇌의 근본이다."

불교는 자만을 성격의 하나로 보는 것이 아닌, 마음을 흐리게 하는 근본 번뇌라고 한다. 자만은 겉으로는 자신감처럼 보이지만, 속에는 불안과 집착이 숨어 있다. 내가 옳음을 증명하려는 순간 대화는 이해가 아니라 싸움이 되고, 말은 다리 대신 벽을 세운다. 그래서 지혜로운 사람은 자기 생각을 말할 때도 부드러움을 잃지 않는다. 틀릴 수도 있음을 인정하고, 상대에게 먼저 귀 기울일 줄을 안다. 그 순간 대화는 싸움이 아니라 연결이 되고, 이기지 않아도 마음이 편안해짐을 알 수 있을 것이다. 진짜 승리는 자존심을 세우는 게 아니라 관계와 나 자신을 지키는 데 있다.

⊙ 지금, 마음 공부

"이 대화에서 내가 원하는 건 이김인가, 아니면 이해인가?"

말을 꺼내기 전, 숨을 한 번 고르고 상대의 말을 끝까지 들어보자. 내 주장을 밀어붙이기보다 함께 풀어갈 방법을 찾아보는 것이 좋다. 오늘 단 한 번이라도 자만 대신 겸손을, 승리 대신 평온을 선택해 보자. 그 작은 선택이 쌓이면 대화는 싸움이 아니라 연결이 되며, 당신의 마음은 무거움보다 맑아짐이 가득할 것이다. 결국 겸손의 한 걸음이 스스로를 더 단단하게 만드는 시작이 된다.

타인을 괴롭히며
얻는 쾌감

마음의 병 ⑧

　가끔은 이유 없이 누군가를 불편하게 만들고 싶을 때가 있다. 연락이 와도 바로 답하지 않고 애매하게 흘려두거나, 업무 메일을 금방 처리할 수 있으면서도 괜히 늦게 확인한다. 상대가 초조해할 걸 상상하면 순간은 짜릿하다. 내가 상황을 쥐고 있다는 기분이 들기 때문이다. 하지만 곧 찾아오는 건 알 수 없는 찝찝함이다. 잠깐의 우월감은 사라지고, 마음속엔 불편함과 화만 쌓인다. 결국 남을 괴롭히는 듯 보이지만, 가장 깊이 상처 입는 건 나 자신이다. 나는 왜 이런 방식으로 마음을 풀려 하는 걸까. 정말 원하는 건 상대의 불편함일까, 아니면 내 안의 허전함을 달래려는 걸까.

⊙ 괴롭힘의 업보

"남을 괴롭히는 이는, 바람을 거슬러 던진 먼지를 자기 얼굴에 맞게 하듯, 스스로를 더럽힌다."

누군가를 곤란하게 만들고 싶은 마음이 올라올 때, 잠깐은 우월감이 생기지만 결국 마음은 더 불편해진다. 남을 힘들게 한 그 순간은 사라질지 몰라도, 당신 안에 남는 건 불신과 후회일 뿐이다. 그래서 선택해야 하는 건 단순하다. 상대를 불편하게 만들 것인가, 아니면 신뢰를 쌓을 것인가. 답을 늦추고 싶을 때, 그냥 바로 답해 보자. 말로 지적하고 싶을 때, 차라리 부드럽게 웃어넘겨 보자. 순간의 쾌감은 사라질 수 있지만, 그 대신 관계는 편안해지고 상대뿐만 아니라 당신의 마음도 한결 가벼워질 것이다.

⊙ 지금, 마음 공부

"나는 지금, 상대를 이해하려는가, 아니면 불안하게 만들려는가?"

작은 농담이나 무심한 말도 누군가에겐 오래 남는 상처가 된다. 오늘 하루 단 한 번이라도, 상대를 불편하게 만들고 싶은 충동이 올라올 때 잠시 멈춰 보자. 그리고 그 대신 따뜻한 한마디를 선택해 보자. 말 한

마디는 다리가 될 수도, 벽이 될 수도 있다. 괴롭히려는 마음을 내려놓는 순간, 결국 그 평온은 상대를 위한 선물이자, 당신 자신을 치유하는 선물이 된다.

자존심이 가로막는
배움

마음의 병 ⑧⑨

　누군가의 지적이나 충고를 들을 때, 나는 쉽게 방어적인 마음을 세운다. 말이 맞더라도 자존심이 먼저 반응하면, 그 순간 귀는 닫히고 마음은 굳어진다. 나를 깎아내리는 말 같아 불편함이 올라오고, 곱씹을수록 기분이 상한다. 그래서 좋은 말마저 놓치고, 나를 바꿀 기회도 흘려보낸다. 결국 나를 지켜야 한다는 생각이 강해질수록, 배움의 문은 점점 좁아진다. 그 문 앞에서 나는 여전히 내 마음을 열어야 할지 닫아야 할지 망설이고 있다.

⊙ 마음을 단련하는 기쁨

"거친 말에도 흔들리지 않고, 좋은 배움은 자존심을 내려놓고 기꺼이 받아들여라. 훌륭한 스승과 벗을 만나는 것이 큰 행복이다."

불교에서는 강한 마음이란 상처를 받지 않는 마음이 아니라, 상처를 배움으로 바꾸는 힘이라고 본다. 듣기 불편한 말이라도 그것이 나를 좋은 방향으로 이끈다면 자존심을 내려놓고 받아들이는 것이 지혜다. 이 솔직함은 단련을 통해 익혀야 하며, 때로는 좋은 스승이나 마음을 나눌 벗과 함께할 때 더욱 단단해진다. 강인함은 무심함이 아니라, 열린 마음으로 자신을 변화시키는 태도에서 비롯된다.

⊙ 지금, 마음 공부

"나는 지금 내 자존심을 지키려는가, 아니면 내 성장을 선택하려는가?"

혹시나 불편한 말을 들었을 때 즉시 반박하지 말고 호흡 세 번을 해 보자. 그 다음, 그 말이 당신을 낮추려는 것인지, 아니면 당신을 올리려는 것인지 가려보자. 도움이 되는 말이라면 마음속에서 '감사합니다'라고 작게 되뇌자. 그리고 하루에 한 번이라도 믿을 수 있는 사람과 마음에 대한 이야기를 나누자. 이 작은 실천이 쌓이면, 자존심이 아닌 배움이 나를 이끄는 삶으로 바뀔 것이다.

정치적 성향으로 인한 갈등

마음의 병 ⑨⓪

　뉴스를 볼 때마다 세상이 뒤틀려 가는 것 같아 화가 난다. 나와 다른 생각을 가진 사람들을 보면, 왜 저렇게밖에 생각하지 못하나 답답해지고 때로는 미워하는 마음까지 생긴다. 정치적 성향은 의견 차이가 아니라, 인간관계의 벽이 되기도 한다. 대화는 끊기고, 상대를 향한 마음은 점점 날카로워진다. 나도 분노를 줄이고 적당히 거리를 두어야 한다는 걸 알지만, 막상 그 앞에 서면 마음이 진정되지 않는다. 답답함과 우울함은 화를 더 키우고, 바뀌지 않는 상대의 모습에 다시금 분노가 치밀어 오른다. 옳고 그름을 따지는 일이 결국 나를 소모시키고, 내 마음의 평화를 갉아먹는다. 세상은 쉽게 바뀌지 않고, 바뀌지 않는 세상 앞에서 나는 분노와 집착으로 지쳐간다.

⊙ 성향은 고정된 것이 아니다

"모든 것은 변한다. 견해도, 믿음도, 그리고 집착도 그러하다."

불교에서 말하는 집착은 물질뿐 아니라 자신의 생각과 성향에도 스며든다. 지금 당신이 옳다고 여기는 정치적 견해도 언젠가는 달라질 수 있다. 그럼에도 불구하고 당신 생각만이 정답이라 고집하는 순간, 그리고 그것에 반대하고 결을 달리하는 사람들과 부딪히는 순간, 분노는 깊어지고 마음은 무너진다. 더군다나 세상을 향한 분노가 당신을 정의롭게 만드는 것이 아니라, 오히려 또 다른 분노와 증오를 낳는 일일 수 있다. 왼쪽 눈으로 바라보는 세상은 오른쪽 눈으로 바라보는 세상이 다르듯, 내가 진리라고 믿는 것들과 타인이 진리라고 믿는 것은 다르다. 그러기에 세상은 부조리로 가득해 보인다. "세상은 이러해야 한다."는 사고는 또다른 이름은 오만이나 착각이 아닐까. 소통의 도는 상대의 성향을 억지로 받아들이라는 것이 아니라, 그에 집착하지 않고 내 마음을 바로 세우는 길임을 잊지 말자. 진정한 자유는 세상을 바꾸는 데 있지 않고, 세상에 휘둘리지 않는 데서도 찾을 수 있다.

⊙ 지금, 마음 공부

"내가 바꿀 수 있는 세상은 어디까지인가? 내가 바꿀 수 있는 타자는 존재하는가?"

뉴스 앞에서 화가 치밀 때, 혹은 다른 성향의 사람과 대화하다 마음이 흔들릴 때 이 질문을 던져보자. 나의 견해와 의견을 갖는 것은 좋다. 그러나 그것이 관계를 해칠 때, 삶속에서 큰 짐으로 다가올 때, 내 생각의 확신이 타인에 대한 증오로 바뀔 때, 오늘 하루는 세상과 싸우는 대신 당신의 삶을 단단히 가꾸는데 한 번 더 마음을 쓰자. 분노로 채운 하루는 당신을 해치지만, 절제로 지킨 하루는 당신 마음을 자유롭게 한다. 세상은 쉽게 바뀌지 않지만, 당신의 마음은 지금 이 자리에서 바꿀 수 있다. 그리고 내가 바뀌어 간다면 세상도 바뀔 수 있다. 그러나 나와 세상 또한 변화하는 세계의 일부이며, 옳고 그르다는 개념 또한 실체가 없다는 말의 의미를, 조용히 음미해 보자.

#에필로그

여기까지 함께해 주셔서 고맙습니다. 단숨에 읽으신 분도, 천천히 마음을 들여다보며 따라오신 분도 계시겠죠. 어떤 분은 흥미로운 문장에서 한참을 머물렀을 수도 있고, 어떤 이야기는 나와는 조금 먼 일처럼 느꼈을지도 모릅니다.

하지만 기억해 주세요. 부처님의 말씀은 우리가 무거운 삶의 짐을 조금이라도 덜어낼 수 있도록 돕는 지혜입니다. 부처님은 "탐욕에서 근심이 생기고, 비교에서 불안이 자란다"고 말씀하셨습니다. 그 마음에서 벗어날 때, 우리는 비로소 좀 더 가벼워질 수 있습니다. 우리는 이미 충분한 존재이며, 있는 그대로도 소중하고 가치 있는 사람입니다.

이 책은 단순히 불교의 가르침을 전하려는 것이 아닙니다. 삶에 직접 닿는 말들, 오늘을 살아가는 당신에게 실질적인 위로가 될 수 있는 이야기를 담고 싶었습니다. 그래서 부처님의 가르침을 현대적인 언어로 풀어내고, 각자의 고민과 삶에 자연스럽게 이어지도록 구성했습니다. 멀고 어려운 이야기가 아니라, 지금도 곁에 머물 수 있는 말이기를 바랐습니다.

지금, 책을 덮는 당신의 마음엔 어떤 생각이 남았을까요? 아직 풀리지 않은 고민이 남아 있을 수도 있고, 조금은 가벼운 시선으로 세상을 바라보게 되었을지도 모릅니다. 분명한 건, 삶의 해답은 멀리 있지 않다는 것입니다. 그 답은 언제나 우리 안에 있습니다. 우리가 그것을 어떻게 바라보느냐에 따라 삶의 결도 조금씩 달라질 수 있습니다.

부처님은 모든 해답을 대신 말해주는 존재가 아닙니다. 당신이 스스로 답을 찾아갈 수 있도록 옆에서 조용히 빛을 비춰주는 존재입니다. 이 책이 당신에게도 그런 길잡이가 되었기를 바랍니다. 그리고 언젠가 다시 마음이 흔들릴 때, 부처님의 말씀을 떠올려 보세요. 그 안에서 당신만의 새로운 해답을 찾게 되기를 바랍니다. 우리의 마음이 평안해지기를, 그리고 우리가 스스로를 더 따뜻하게 안아줄 수 있기를, 그리고 서로 더 사랑할 수 있기를 진심으로 바랍니다.

PS. 부처님의 말씀이 당신의 삶에 닿기를…

publisher   instagram

당신의 고민에 부처는 이렇게 답한다

초판 발행 2025년 8월 29일
지은이 H. 이치카
펴낸이 최대석 **펴낸곳** 반가사유 **출판등록** 307-2007-14호
등록일 2006년 10월 27일
주소 a1. 서울특별시 종로구 종로1길 50 더케이트윈타워 B동 위워크 2층
　　　a2. 경기도 가평군 경반안로 115
전화 031-581-0491
전자우편 book@happypress.co.kr
정가 17,500원 **ISBN** 979-11-94192-31-2(03220)

* '반가사유'는 행복우물출판사의 임프린트입니다